美丽乡村之农业设计

MEILIXIANGCUN ZHINONGYESHEJI

罗 凯 著

中国农业出版社

图书在版编目（CIP）数据

美丽乡村之农业设计/罗凯著．—北京：中国农业出版社，2015.3（2017.9重印）
ISBN 978-7-109-20213-9

Ⅰ.①美…　Ⅱ.①罗…　Ⅲ.①农业经济—研究—中国
Ⅳ.①F32

中国版本图书馆CIP数据核字（2015）第039094号

中国农业出版社出版
（北京市朝阳区麦子店街18号楼）
（邮政编码100125）
责任编辑　赵刚

北京万友印刷有限公司印刷　　新华书店北京发行所发行
2015年4月第1版　　2017年9月北京第9次印刷

开本：850mm×1168mm 1/32　　印张：9.25
字数：192千字
定价：35.00元

前言

QIANYAN

随着21世纪的到来，农业美学悄然兴起，在实践上探索，在理论上研究。现代农业、生态农业、观光农业、休闲农业、创意农业、旅游农业等不断产生与发展；中国共产党第十八次全国代表大会上的报告提出了“大力推进生态文明建设”、“努力建设美丽中国”；2013年12月23日至24日召开的中央农村工作会议强调的“中国要强，农业必须强；中国要美，农村必须美；中国要富，农民必须富。”以及建设美丽乡村、美丽田园热潮的掀起，无不透现着人类对美、对农业美的追求，无不预示着美学农业已成为农业发展的一种方向和社会发展的一种需求。

基于此，笔者以1998年底开始的建设雷州半岛南亚热带农业示范区实践为基础，于1999年12月开始研究农业美学问题。2000年10月在《热带农业科学》2000年第5期发表《建设雷州半岛南亚热带农业示范区中的美学问题探讨》。尔后，先后发表相关论文74篇，入选相关学术会议23个，荣获各种学术、科技奖10项，并于2001年12月拟出以研究农业美学基本问题为主题的《农业美学初探》提纲，2002年8月脱稿，2004年5月内部刊印，2007年6月作为社会主义新农村建设实务丛书之首部，由中国轻工业出版社正式出版，2010年10月荣获湛江市哲学社会科学优秀成果奖著作类二等奖。与此同时，提出并完成农业美学学科体系基本框架，即由农业美学、农业新论、美学农业规划学、美丽乡村之农业设计、农业工具设计、农业技能美学、美学农业技术学、美学农业经济学、农业音乐学、民俗文化学、村庄设计、乡村生活方式、农业鉴赏、农业旅游学和农业美学史组成。

随着农业美学的研究、创立和学科体系的构建，势必催生出农业设计；或者说，随着农业的发展、特别是美学农业的发展，势必需要农业设计。因此，继《农业美学初探》之后，笔者又研究了以农业设计为主题的《美丽乡村之农业设计》。愿它的研究、出版，能对现代农业、生态农业、观光农业、休闲农业、创意农业、旅游农业等的发展、特别是对美学农业的发展、美丽中国的建设起着指导作用。

现在，《美丽乡村之农业设计》即将出版了。值此之际，谨对一直以来对农业美学的研究、创立和学科体系的构建给予关心、爱护、帮助和支持的社会各界人士，特别是对《美丽乡村之农业设计》的出版给予厚爱的中国农业出版社致以衷心的感谢！

罗　凯

2014年12月9日

目录

MULU

第一章 农业设计的基本问题

随着21世纪的到来，农业美学悄然兴起，在理论上研究，在实践上探索。无疑，研究、创立农业美学，有一个非常重要的目的，就是催生农业设计。

第一节　农业设计的存在与发展

事实上，农业设计早就存在。不过，农业设计是怎么样的一个存在，又应该怎么样发展，却是值得研究的。

一、设计的本质

为了研究农业设计的存在与发展，先来考察一下什么是设计，也就是设计的本质。

1.“设计”一词的内涵

《现代汉语词典》（2002 年增补本）对“设计”一词的定义是：在正式做某项工作之前，根据一定的目的要求，预先制定方法、图样等。由此可见，“设计”一词包含三层含义：一是“在正式做某项工作之前”；二是“根据一定的目的要求”；三是“预先制定方法、图样等”。概而括之就是：“设计”一词包含时间、目的和内容三要素。

2. 设计的本质

众所周知，人类的行为有三种：一种是本能行为，如眨眼和打鼾等；另一种是潜意识行为，如做梦和写错别字等；再一种是意识行为，如写字和绘画等。

显然，只有意识行为才是目的行为，或者可以说，才是有目的的行为。基于此，“设计”一词的定义无不表明：一是人类的任一意识行为都是可进行设计的；二是人类的任一意识行为都是设计的结果；三是设计存在于人类的一切意识行为之中。因为人类的任一意识行为或一切意识行为都无不与时间、目的和内容三要素有关。

是的,屡见不鲜的楼房设计,总是设计有动工日期、竣工日期,设计使用用途,设计成平面图、立体图,设计用什么钢筋、水泥、砖木等建筑材料及其数量,设计施工的技术线路,等等,即无不包含时间、目的和内容三要素;一般的工作方案,往往总是从指导思想、发展目标、时间要求、工作步骤和主要措施等方面来着手,来制定,即也无不包含时间、目的和内容三要素;其他的意识行为,也就是设计,也都无一例外。

同理推之，农业这一人类的意识行为也是可进行设计的，也是设计的结果，也是存在着设计。因为这一意识行为也无不与时间、目的和内容三要素有关。下面的研究将证明这一问题，揭示这一问题，丰富这一问题。

二、农业设计形成于农业产生之时

时间、目的、内容是设计的三要素，也是农业设计的三要素。然而，显然的是，在考察的时候，时间要素没有多大意义，因此，仅考察目的和内容两要素，并从农业产生之时考察起。

1. 目的

我们不可能回到1万年前，回到新石器时代，但我们可以凭借经验推知当时，事实上，关于当时的农业，也就是原始农业已几乎成了常识。初时，人类通过采集果实、狩猎野兽，准确地说，通过采集天然之果实、狩猎天然之野兽，来填饱肚子，营养身体。后来，随着人口的增加，天然之果实、野兽的减少，天然之果实、野兽愈来愈不能满足人类的需求——填饱肚子，营养身体，于是，人类不得不栽培作物、驯养畜禽，以弥补天然果实、野兽之不足。因此，这一时期农业设计的目的，可以概括为：弥补天然产品之不足。

2. 内容

基于以上目的，当时的农业设计出弥补天然产品之不足的内容，或者可以说，农业产生之时设计的内容是：

采集果实。所谓采集果实，就是采集天然植物所挂结的可以食用的果实，如天然生长荔枝、龙眼、苹果和香蕉等植物所挂结的果实。这些果实既可充饥，也可品尝。设计的焦点自然是：①满足充饥、品尝所需的数量，包括人均需求量和总需求量，并可细分为满足大人、小孩等各类人群充饥、品尝所需的数量；②作为贮藏、备用所需的数量，包括人均需求量和总需求量，且可细分为在植物挂结果实淡季作为贮藏、备用所需的数量和由于距离影响作为贮藏、备用所需的数量；③采集果实的目的地，包括目的地的距离、位置、分布、道路和可能采集到的果实的种类、数量；④采集果实所需的工具，包括采果工具和装果工具等，如竹竿等；⑤采集果实所需的时间，包括途中时间和采集时间；⑥采集果实所需组织的人员，包括大人、小孩等。

狩猎野兽。所谓狩猎野兽，则是狩猎天然生活着的可以吃用的动物，如野猪、野牛、野羊、野鸡、野鹅、野鸭。这些动物既可充饥，也可品尝。显然，设计的内容与采集果实是基本相同的，所不同的只是具体的东西，如劳动的对象由果实变成野兽，劳动的方式由采集变成狩猎，劳动的工具由延长手脚长度的竹竿变成增强手脚力度的竹签，等等。

栽培作物。人类根据需求，将野生植物进行人工栽培驯化，使其演变成既适合人类栽培，又能利用本身的生理机能，通过与土壤、气候、水和生物的作用，生产满足人类需求的农产品的作物，如水稻、番薯和蔬菜等。7000 多年前，河姆渡的水稻栽培就是最好的见证。据古文献记载，公元前我国蔬菜有 40 多种，其中人工栽培的有 15～16 种，包括瓜、瓠、芹（水芹）、芋、大豆、笋、韭、葱、姜、薤、葵、藕、芜菁、萝卜、白菜等。设计的内容应该是：①满足营养、品尝所需的作物种类、数量；②作为贮藏、备用所需的作物种类、数量；③种植作物的种类、面积、分布、地点和产量；④种植作物所需的种子种类、数量；⑤种植作物所需的工具，如石锄等；⑥种植作物所用的技术，如刀耕火种；

⑦种植作物所需的时间；⑧种植作物所需的人力。

驯养畜禽。通过栽培作物的内涵，可以推知驯养畜禽的内涵，那就是：人类根据需求，将野生动物进行人工养殖驯化，使其演变成既适合人类养殖，又能利用本身的生理机能，通过与自然环境的作用，生产满足人类需求的肉类的畜禽，如猪、牛、羊和鸡、鹅、鸭等。据报道，我国很早就养猪，在新石器时代的出土文物中就有大量猪骨；到周初，猪已成为六畜之一，普遍饲养。设计的内容与栽培作物相似，具体如下：①满足营养、品尝所需的畜禽种类和数量；②养殖畜禽的种类和数量；③养殖畜禽所需的储备饲料（如稻谷）和天然饲料（如牧草）；④养殖畜禽所需的技术；⑤养殖畜禽所需的时间；⑥养殖畜禽所需的人力。

三、农业设计存在于农业生产高产优质农产品之中

随着农业的产生和发展，农业设计逐渐形成，并存在于农业之中，存在于农业生产高产优质农产品之中。准确地说，这一时期的农业设计与农业产生之时的农业设计在本质上并没有多大的区别，仅仅是在时空上的延伸而已。不过，由于这一时期的农业逐渐成熟，因此，其设计之目的和内容都有所不同，或者说，有所进步。

1. 目的

这一时期的农业设计的目的也是生产农产品。不过，与农业产生之时的农业设计相比，有如下几个不同：一是以人工栽培、养殖为主，准确地说，人工栽培、养殖所占的比重愈来愈大，天然的采集、狩猎愈来愈少，以致发展到几乎仅局限于海洋捕捞，因此，农业生产不再是弥补天然产品之不

足，而是为人类提供主要的农产品。二是逐渐追求农产品的质量，并且愈来愈强烈。三是所生产的农产品不再仅仅局限于满足人类对营养和品尝的需求，而还扩展到人类对原料的需求。因此，这一时期或者也可以说传统农业时期的农业设计目的是：生产满足人类营养、品尝和原料需求的高产优质农产品。

2. 内容

存在于农业生产高产优质农产品的农业设计与形成于农业产生之时的农业设计，或者可以说，传统农业与原始农业的农业设计在本质上并没有什么区别。不过，传统农业的农业设计在层次上更高，因此，其内容不同，主要表现在：

建设高产稳产的田园。高产稳产田园，指的是在同一技能条件下，能使同一作物同一品种获得相对又高又稳的产量的田园；或在同一作物同一品种条件下，能通过应用先进实用的技能，使作物获得相对又高又稳的田园。香蕉是一种需肥需水较多的作物，肥沃而水源充足的田园对香蕉来说就是高产稳产的田园，而瘦瘠且水源稀缺的田园则不是高产稳产的田园。都是香蕉，在肥沃而水源充足的田园上采用香蕉高产栽培技术，就能获得高产，在瘦瘠且水源稀缺的田园上即使采用香蕉高产栽培技术，也不能获得高产，前者就是高产稳产田园，后者则不是。在设计上，建设高产稳产田园必须考虑的要素是：①田园的现状，包括田园的土壤剖面性态、土壤理化性质、沟、路、林、水、电等配套；②高产稳产田园标准，包括田园的土壤剖面性态、土壤理化性质、沟、路、林、水、电等配套；③建设高产稳产田园的工程量，包括改土、培肥、建沟、修路、植树、引水、拉电等工程量；

④建设高产稳产田园采用的技术，包括生物技术、工程技术等；⑤建设高产稳产田园所需的人力、物力和财力；⑥建设高产稳产田园所需的时间。

选种高产优质的品种。高产优质品种，指的是对一定的农业自然资源表现出相对的适应性，并借助一定的技术条件，比较充分地利用农业自然资源，实现高产优质的作物品种。新台糖系列品种的新台糖 10 号、16 号、22 号、25 号均是高产高糖的甘蔗品种，均比粤糖 63/237 增产 10%以上。在云南高原生态蔗区，云蔗 64/24、84/FB5、71/388、81/173 等云蔗系列则能较好地适应当地条件，并获得高产。因此，一般来说，选种新台糖 10 号、16 号、22 号、25 号等新台糖系列品种就是选种高产高糖甘蔗品种，而在云南高原生态蔗区，则应将云蔗 64/24、84/FB5、71/388、81/173 等纳入考虑范围。选种高产优质的品种，在设计上要考虑的要素是：①种植作物的生态条件，着重于土壤、气候、水和生物等农业自然资源条件；②选种作物品种的丰产性、抗逆性、宜耕性，特别是与当家作物品种相比，其丰产性、抗逆性、宜耕性的具体表现及其程度；③选种作物品种的试验、表证、示范的进行，包括地理分布、田园选择、对比品种、实施时间、实施措施、执行人员、结果分析等内容；④选种作物品种的推广，包括推广对象、推广时间、推广步骤、种子供应、办班培训、资料发放、宣传发动和配套技术等内容。

运用功能齐全的装备。农业装备指的是农机、农具、农膜等农用物资。这些物资的运用完全在于弥补农业自然资源之不足，使其更适宜于农业生产的进行，特别是更有利于农作物的生长发育。如耕耘机，可以使田园土表由坚硬变成疏松，提高土壤通透性，利于养分转化，利于农作物生根、发芽、出苗；机井，可以将地下水抽提到地表，使水源稀缺的地表变成水源充足的地表，确保农作物生长发育对水分的要求；薄膜，可以改变地表的温湿度，使不甚适宜农作物生长发育的温湿度变成比较适宜农作物生长发育的温湿度。这些农业装备各具功能，各起作用，使农业自然资源得以完美。这就是农业装备的功能齐全。关于运用农业装备问题，应设计的内容是：①农业自然资源的缺憾及其程度，包括土壤、气候、水和生物的缺憾及其程度；②农业对农业自然资源的要求，包括对土壤、气候、水和生物的要求；③满足农业对农业自然资源的要求必须运用的装备，包括农机、农具、农膜等农用物资及其类型、数量、质量等；④农业装备的解决，包括农业装备的来源、选购、运输和资金筹措等；⑤农业装备的使用，包括农业装备的试验、表证、示范和操作人员培训等；⑥农业装备的运用，包括推广的途径、方式和人员的组织等。

应用先进实用的技能。技能是一种更广的概念，包括技术、方法和理论在内。如果说农业装备的运用是为了弥补农业自然资源不足的话，那么，技能的运用就是为了使农作物更好地与农业自然资源发生作用，使其高产优质性能能够更好地发挥、表现出来，而先进实用技能的应用则是为了使农作物能够相对更充分地更好地与农业自然资源发生作用，使其高产优质性能相对更充分地更好地发挥、表现出来。甘蔗深松耕是一项先进实用的栽培技术，它通过机械的作用，使田园表层松土由牛犁的 18 厘米左右增至 30～40 厘米，且不翻乱土层，从而改善土壤物理结构，增强通透性，提高供给水分、养分的能力，有利于根系伸展和吸肥、吸水，从而有利于甘蔗的生长发育和单产提高。关于应用先进实用技能，应设计的内容则是：①农作物对农业自然资源的要求，包括对土壤、气候、水和生物等的要求；②农作物高产优质性能充分发挥、表现需要的技能支持，包括技术、方法和理论；③先进实用技能的引进、试验、表证、示范；④先进实用技能应用、推广所需的资金、物资和人才；⑤先进实用技能应用、推广的计划、步骤、措施和组织。

四、农业设计发展于农业既生产农业物质产品又生产农业审美产品之期

随着农业的发展，准确地说，随着美学农业的兴起，农业的功能不再仅仅局限于生产农业物质产品，还扩展到生产农业审美产品，从而使农业发生质的飞跃，也使农业设计发生质的飞跃，催生出真正意义的农业设计，或现代意义的农业设计。

1. 目的

这一时期农业设计的目的不再仅仅是农业物质产品的生产，而还扩展到农业审美产品的生产；或者可以说，不再仅仅生产满足人类物质需求的农业物质产品，而还扩展到生产满足人类精神需求的农业审美产品。

2. 内容

如果说传统农业与原始农业的农业设计仅仅是一种内在设计的话，那么，现代农业的农业设计，准确地说，美学农业的农业设计不再仅仅是一种内在设计，而且还是一种表观

设计。基于此，其内容应该是：

建设既高产稳产又风光优美的田园。既高产稳产又风光优美的田园，指的是既具备上面提到的高产稳产田园的特征，又具有风光优美特征的田园。具有风光优美特征的田园，指的则是田园不但能种植农作物，营造树木，养殖畜禽和水产品，而且通过田块、田埂、沟渠、林带、道路和机井、棚架、电网、房屋等生产设施，与作物一起，与树木一起，与畜禽和水产品一起，按照美学规律排列、组合，形成田园风光。哈尼族梯田依地形地势建造田园，根据自然条件种植作物，既合理地利用了资源，又科学地发展了生产，还艺术地营造了景观。这无不表明，建设既高产稳产又风光优美的田园是可能的。既高产稳产又风光优美的田园应在做到上面提到的高产稳产田园设计的基础上，还应设计如下内容：①人们对田园的审美标准，或者可以说，田园美化的目的是为了满足哪一类型人群的需要的？抑或是游客，抑或是附近城镇的休闲者，抑或是村民，抑或是正常的生产需要；②田园的现状，包括田园的位置、面积、形状、地力、前作，和田埂、沟渠、林带、道路、机井、水池、棚架、电网等设施的状态，以及田园周边的自然资源；③田园可改造的程度，即技术、资金和人力可支持的程度；④田园的美化计划，包括形状、田埂、沟渠、林带、道路、机井、水池、棚架、电网等的建设、造型和协调统一，和农作物的安排，田园与田园周边自然资源的协调统一；⑤田园高产稳产和风光优美的有机统一；⑥建设既高产稳产又风光优美田园的工程量，包括田园基础建设工程量和田园美化建设工程量；⑦建设既高产稳产又风光优美田园的技术，包括农田基本建设技术和艺术设计技术；⑧建设既高产稳产又风光优美田园所需的人力、物力、财力；⑨建设既高产稳产又风光优美田园所需的时间。

选种既高产优质又株健果美的品种。既高产优质又株健果美的品种，指的则是既具有上面提到的高产优质品种的特征，又具有植株健美、产品美观特征的品种。关于高产优质，上面已有论述，在此不再重复。关于植株健美，指的是作物植株、畜禽和水产品躯体有造型，根、茎、枝、杈、叶、花、果协调、和谐，头、身、脚、尾、毛也协调、和谐，能给人以美感。关于产品美观，指的则是农产品不但外观美观，而且能成为品质优良、营养丰富、口感适宜、卫生安全的外在表现。多彩玉米就是这么样的一种玉米品种，植株茎秆挺拔、叶片翠绿，玉米外观多彩、口感糯性；或者可以说，多彩玉米从实践上证明培育、选种既高产优质又株健果美的品种是可能的。设计这一问题，内容应如下：①拟引种既高产优质又株健果美品种地区的生态条件，包括土壤、气候、水和生物，特别是气候；②所引种既高产优质又株健果美品种的形态特征和适宜性、丰产性、品质性、抗逆性等；③既高产优质又株健果美品种的试验、表证、示范；④既高产优质又株健果美品种的栽培技术；⑤既高产优质又株健果美品种的艺术营造，包括产品设计、植株设计、田园设计及其营造技术；⑥既高产优质又株健果美品种的推广，包括推广地区、田园、面积、种子、人力、物力、财力和技术路线。

运用既功能齐全又造型美观的装备。农业装备的功能齐全上面已有论述，在此不再重复。那么，什么又是造型美观呢？或者可以说，什么又是广义的造型美观呢？笔者认为，广义的造型美观应该是：功能性与审美性相结合；使用性与舒适性相结合；工具性与音乐性相结合。至此，可以说，具备上述所列特征的装备就是既功能齐全又造型美观的装备。事实上，在实践上，这种农业装备已经有了。拖拉机在具备运载功能的同时，已经在追求造型以求美观了，已经在坐椅上铺上弹簧和海绵以求舒适了，已经安装录音机播放音乐以求享受了；或者可以说，已经在实践以上三个结合并获得初步的成功了。无疑，这些实践及其成功无不提示我们可以进行以下设计：①农业自然资源的不足及其程度，包括土壤、气候、水和生物等；②现代农业对农业自然资源的要求，包括土壤、气候、水和生物等；③现代农业对农业装备的要求，包括功能性与审美性的相结合、使用性与舒适性的相结合、工具性与音乐性的相结合；④运用既功能齐全又造型美观装备的可能，包括装备的来源、选购、运输和资金等；⑤发展现代农业对既功能齐全又造型美观装备的要求，包括类型、数量、质量等；⑥既功能齐全又造型美观装备的运用，包括试验、表证、示范、推广和措施。

应用既先进实用又简单美化的技能。关于先进实用的技能，上面已谈到，在此不再重复。在此要谈的是简单美化的技能。它指的是技术、方法和理论等农业技能，通过文字简明化、表格化、图形化、公式化、文艺化和美学化处理，变成简单、易懂、易识、易操作。而所谓文字简明化，就是用尽可能少、尽可能简单、浅显的文字，准确、生动地表达农业技能；所谓表格化，就是用表格的形式来表达农业技能；所谓图形化，就是用图形的形式来表达农业技能；所谓公式化，就是用公式的形式来表达农业技能；所谓文艺化，就是用文学、音乐、舞蹈、图画、雕塑等文艺的形式来表达农业技能；所谓美学化，也就是综合化，则是用两种或两种以上的形式来表达农业技能。一句话，同时具备以上两方面特点的技能就是既先进实用又简单美化的技能。这样的技能在实践上已经有了，或者可以说，对先进实用的技能进行简单美化处理已为实践证明是可行的。测土配方施肥技术制作成流程图或示范图就成了既先进实用又简单美化的技能。既先进实用又简单美化技能的设计自然应该是在先进实用技能设计的基础上，着重于如下几方面：①人们的审美需求，包括视觉上的审美需求、听觉上的审美需求和心理上的审美需求；②农业技能先进实用与简单美化的有机统一；③农业技能的文字简明化及其处理；④农业技能的表格化及其处理；⑤农业技能的图形化及其处理；⑥农业技能的公式化及其处理；⑦农业技能的文艺化及其处理；⑧农业技能的美学化及其处理；⑨既先进实用又简单美化技能的试验、表证、示范、推广及其相应的人力、物力和财力配套；⑩既先进实用又简单美化技能应用、推广的方法，包括计划、步骤、措施和组织等。

第二节　农业设计的内涵与特征

农业设计是存在的，也是发展的，因此，很有必要研究其内涵与特征。

一、农业设计的内涵

上面的研究表明，农业是人类的意识行为，是可进行设计的，是存在着设计的；换句话，大凡农业都是可进行设计的，都是存在着设计的。

众所周知，农业既是一个最古老的产业，也是一个大产业，包含的范围很广。从产业来说，包括种植业、林业、畜牧业、副业、渔业；从环节来说，包括产前、产中、产后；从层次来说，包括生产、推广、教育、研究、管理；从范畴来说，包括农业劳动主体、农业劳动对象、农业劳动工具、农业劳动技能、农业劳动过程、农业劳动产品、农业劳动观念；当然，若从其他角度来说，仍然可以再分。无疑，这些都存在着设计，都可进行设计；换句话，农业设计应该是对这些行为的设计。

不过，本书所研究的农业设计是狭义的，仅限于农业动植物及其赖以生存和发展的田园，指的是一门研究利用农业动植物的生理机能，通过与土壤、气候、水和生物等农业自然资源的相互作用，生产农业物质产品，又通过其各要素的“宜人”外观，及其按照美学规律的排列与组合，形成足以唤起人们审美情趣、愉悦人们审美心理、满足人们审美需求的产品景观、植株景观、田园景观，生产农业审美产品，而进行产品设计、植株设计、田园设计的科学。

可见，农业设计的对象是农业动植物及其赖以生存和发展的田园；目的是既生产农业物质产品，又生产农业审美产品，即足以唤起人们审美情趣、愉悦人们审美心理、满足人们审美需求的产品景观、植株景观、田园景观；内容是进行产品设计、植株设计、田园设计。

二、农业设计的特征

任何事物都有其固有的运动规律，并遵循其存在、运动和发展。农业设计也不例外，并表现为以下特征：

1. 生命性

生命性，指的是农业设计以有生命的物体作为设计对象的特征。

农业设计的对象之一是农业动植物。农业动物不外就是猪、牛、羊和鸡、鹅、鸭等畜禽，以及鱼、虾、蟹等水产品；农业植物不外是水稻、甘蔗、番薯等作物和桉树、木麻黄、大王椰等树木。无疑，农业动植物都是有生命的。

农业设计的对象之二是田园。咋一看来，田园是没有生命的，但细细来看，却是有生命的。田园的田埂上的草被、四周环境的植被是有生命的，田园的耕层里的微生物也是有生命的，田园上存在和发展的农业动植物更是有生命的。换句话，田园的存在和发展必须以有生命的农业动植物的存在和发展为条件，就作物来说，应利其生根、发芽、长苗、开花、结果。

然而，其他设计的对象往往是没有生命的。建筑设计的实质是水泥、钢筋、灰沙、木材等建筑材料的空间组合和构图，这些建筑材料是没有生命的；雕塑设计的实质是石头、木头、钢铁、泥土等雕塑材料的雕刻和塑造，这些雕塑材料也是没有生命的；服装设计的实质是布料的裁取和组合，布料还是没有生命的；如此等等，无一而足。

当然，其他设计的对象有的也是有生命的。最有代表性的应该是园林设计，其对象就是有生命的植物，或者可以说，就是与农业植物一样的有生命的植物；其次应该是盆景设计，其对象与园林设计一样，也多是有生命的植物。所不同的是园林设计在强调单株植物设计的同时，还强调群体植物设计；而盆景设计往往仅进行单株植物设计，当然，也有双株、多株植物设计，不过，即使这样，其所设计的植物群体与园林设计相比，仍然可视为“单株植物”。一句话，就生命性这一特征来说，农业设计与园林设计、盆景设计基本上是相同的，但是，在其他特征却又显得不同了。

2. 实物性

实物性，指的是农业设计以农业动植物及其赖以生存和发展的田园这些实在之物进行设计的特征。

农业设计所设计的农业动植物是实实在在的农业动植物。即所设计的农业动植物是真实的农业动植物，是用来从事农业生产或与一般的农业生产相同的农业动植物。所设计的猪是家猪，是可以长膘的，是用来生产肉的，是用来生产满足人类肉类需求的。所设计的水稻是栽培水稻，是可以长苗分蘖、抽穗扬花的，是用来产谷的，是用来生产满足人类粮食需求的。

农业设计所设计的田园也是实实在在的田园。即所设计的田园也是真实的田园，是用来从事农业生产或与一般的农业生产相同的田园。所设计的水田是可以用来栽植水稻的，是可以为水稻的生长发育提供肥水的。所设计的沟渠是可以用来灌溉的，是可以为作物的生长发育供应水分的。

关于实物性，其他设计往往就没有。在公园里，也设计有真实的熊猫、狮子，但是，也往往有不少假熊猫、假狮子，或者也可以说，设计有不少假熊猫、假狮子，如陶瓷熊猫、陶瓷狮子，塑料熊猫、塑料狮子。当然，如此之类的例子或设计还有许多，如假竹、假树、假山……

3. 农业性

美学农业与一般的农业一样，与一般的现代农业一样，不但生产农产品，而且追求较高的产量。显然，作为农业美学催生出来的农业设计所做的设计就应该有利于较高产量农产品的生产。这就是农业设计的农业性。

基于此，农业设计的农产品应该是产量较高、且能为人类提供营养需求、品尝需求和原料需求的农产品。白叶是一种优质栽培荔枝品种，果肉乳白色，肉质嫩滑带爽脆，清甜多汁，微香，品质中等。酸荔枝则往往是野生荔枝，味道特别酸。显然，农业设计在设计荔枝时，就应该设计像白叶一样的荔枝，而不是像酸荔枝一样的荔枝。

农业设计的作物植株则应该是有利于农产品的高产优质的作物植株。荔枝通过整形修剪，使主枝和侧枝分布均匀，骨架构造坚固，育成树形矮生，枝梢密集、紧凑，枝条向四周均匀分布的半圆头形树冠，既健美，又有利于荔枝早结丰产。而徒长的作物虽枝繁叶茂，却不利于作物的生殖生长、开花挂果。显然，农业设计在设计作物植株时，就应该像设计整形修剪的荔枝一样设计作物植株。

农业设计的田园也应该是有利于农作物生长发育、开花挂果的田园。上面提到的高产稳产的田园就是这样的田园，既高产稳产又风光优美的田园更是这样的田园。

农业设计的农业性是其他任何设计都没有的，即使是同样具有生命性和实物性的园林设计和盆景设计也是没有的。在园林设计和盆景设计中，尽管也设计有像农业设计所设计的作物，如荔枝，也设计作物的产品和植株，设计栽植作物的土地，但考虑更多的往往是土地是否能栽植作物，生长的作物植株是否有造型，是否开花挂果且分布合理，是否有美感，是否有观赏价值，而不考虑作物所挂结果实的多少，更不考虑作物所挂结果实是否具有营养价值、品尝价值和原料价值，如所栽植的荔枝往往是酸荔枝。

4. 动态性

所谓动态性，指的是农业设计所设计的农业动植物及其赖以生存和发展的田园总是处于不断变化之中的特征。

农业设计所设计的农产品总是处于不断变化之中。农产品从形成到成熟是一个过程。在这一过程中，细胞在分裂，物质在充实，体积在增大，重量在增加，形状在改变，颜色在变化。即使是收获了，也就是农产品已经离开作物植株了，离开田园了，农产品也一直在变化着，细胞在变，物质在变，体积在变，形状在变，颜色在变，当然，最为明显的是颜色的变化。荔枝果实的整个发育期一般 70～90 天，经过如下过程：雌花受精→雌花谢花→种胚形成→果肉出现→果肉包满种子→种子增大增重、种皮逐渐硬化→果实有机物质不断积累、转化，可溶性固形物迅速提高，含水量增加，果皮开始转红，龟裂渐平→果肉饱满成熟。可见，农业设计在设计荔枝果实时，就应该设计以上内容，准确地说，设计荔枝果实整个发育的变化过程。

农业设计所设计的作物植株也总是处于不断变化之中。作物植株总是经历着生根、发芽、出苗、长叶、分枝、开花、结果的生长发育过程。这是肉眼可见的。即使是肉眼不可见的也是这样，作物植株中的细胞在分裂，水分在吸收，营养在输送，叶片则不时进行着光合作用。荔枝的一生，也就是生命周期一般经过幼龄期、生长结果期、结果生长期和更新结果期4个生长发育期，即经过4个具有质变意义的生长发育变化；而年周期则一般经过枝梢和根系生长发育期、花芽分化期、开花期和果实生长发育期4个生长发育期，即也经过4个具有质变意义的生长发育变化。显然，在设计时，就应该充分地遵循这些变化、体现这些变化，并使这些变化符合人们的审美需求。

农业设计所设计的田园仍然应该总是处于不断变化之中。田园的变化主要表现在：一是田园的改造。田面的平整，会使田园的表面由不平变成水平；泥沙的渗和，会使田园的泥沙比例、也就是土壤质地发生变化；地力的培育，会使田园的肥力得以提高；等等。二是设施的建设。随着沟渠、道路、林带、棚架、机井、水池、房屋和电网等田园生产设施的建设和改造，田园会由无设施变成有设施，由此种设施变成彼种设施，由一种设施变成多种设施，由低水平设施变成高水平设施。三是造别的更替。农作物总是有生育周期，有的长些，有的短些，甘蔗1年，水稻半年，蔬菜1～6个月，这样，就存在造别，就存在造别的更替。在热带、亚热带地区，有一种耕作制叫做“稻—稻—菜”，即“早稻—晚稻—冬春蔬菜”，从造别来说，就是早造早稻、晚造晚稻、冬春季蔬菜，从造别的更替来说，则是由早造早稻更替为晚造晚稻，再更替为冬春季蔬菜。无疑，由于造别的存在，由于造别更替的存在，田园就势必发生这样的变化：由有作物的田园变成无作物的田园，由无作物的田园变成有作物的田园，由此种作物的田园变成彼种作物的田园。四是作物的生长。由上面的研究可知，农作物总是经历着生根、发芽、出苗、长叶、分枝、开花、结果的生长发育过程。因此，随着农作物的生长发育，其田园也势必发生相应的变化。具体就是：农作物生根的田园→农作物发芽的田园→农作物出苗的田园→农作物长叶的田园→农作物分枝的田园→农作物开花的田园→农作物结果的田园。因此，在农业设计中，就应该根据田园的变化规律，设计出具有美学意义的田园变化。

然而，其他设计所设计的物体却往往是不变化的。建筑设计所设计的建筑就是这样，用一砖一瓦来建，一旦建成，就成了“凝固的音乐”。著名的万里长城，堪称古今中外建筑史上的奇迹，自从建成至今已有2000多年，日晒雨淋和昔日战火只能使其伤痕累累，但不能将其摧毁，更不能改变其城墙之风韵。雕塑设计、家具设计和服装设计等莫不如此。

5. 审美性

所谓审美性，指的则是农业设计运用艺术的手法来设计农业动植物及其赖以生存和发展的田园，并使其成为能够引发人们审美情趣、愉悦人们审美心理、满足人们审美需求的农业审美产品。

作为农业审美产品的农产品，应该是外观美观的，即不但外观美观，而且能成为品质优良、营养丰富、安全卫生、口感适宜的外在表现。多彩玉米就是这样的农产品，有红、有绿、有黄，与传统的玉米相比，给人以美感；同时，大凡多彩玉米，几乎都是糯米玉米。

作为农业审美产品的作物植株，应该的是健美的，即作物植株、畜禽和水产品躯体有造型，根、茎、枝、杈、叶、花、果协调、和谐，头、身、脚、尾、毛也协调、和谐，能给人以美感。“吨糖田”栽培技术是目前甘蔗生产的先进技术，1亩[1]甘蔗产糖1吨，约是一般甘蔗亩产的2倍。"吨糖田"甘蔗的叶倾角为30°，刚好是直角三角形锐角的弧度，是一个有美感的弧度。无疑，当整块或整片"吨糖田"甘蔗的叶倾角都统一为30°的时候，则可以说"吨糖田"甘蔗的这一植株形态是美上加美了。

作为农业审美产品的田园，则应该是美化的，即不但能种植农作物，营造树木，养殖畜禽和水产品，而且通过田块、田埂、沟渠、林带、道路和机井、棚架、电网、房屋等生产设施，与作物一起，与树木一起，与畜禽和水产品一起，按照美学规律排列、组合，形成田园风光。的确，是这样。在农业观光园，到处都是奇树、奇花、奇果，一丛丛有秩序的作物既在形成一个个景观，又在悬挂一串串果实，既供人们欣赏，又供人们品尝，说是田园，更是园林。

农业设计的审美性，是其与其他艺术或其他具有艺术成分设计（如园林设计、盆景设计、建筑设计、雕塑设计和服装设计等）的共同特征，也是其与传统农业设计或一般农业生产的根本区别。的确，传统农业设计或一般农业生产所设计或生产的农产品、作物植株和田园也有美观的、健美的和美化的，但是，这些美观产品、健美植株和美化田园是没有艺术设计意识设计或生产的结果，或者可以说，并不是农业设计的结果。

6. 科技性

在农业设计中，往往总是采用科学技术的方法，来达到设计的目的，或实现设计的目标。这就是农业设计的科

---

① 1亩=0.067公顷，下同。

技性。

农业设计采用的科学技术方法包括物理方法、工艺方法、化学方法、育种方法、栽培方法和工程方法等。上面提到的多彩玉米，其五光十色的玉米品种是用育种方法培育出来的，其健美的植株是用栽培方法栽培出来的，其形成的玉米田园风光则是用工程方法营造出来的。一句话，农业设计的目的或要实现的目标，必须借助科学技术。

从某种意义上说，农业设计的科技性在其他设计中也是存在的。不过，即使是这样，其他设计的科技性也没有农业设计这么明显、多样、强烈。建筑设计也有科技性，但仅仅是采用工程方法；雕塑设计同样有科技性，但仅仅是采用工艺方法；服装设计仍然有科技性，但采用的也仅仅是工艺方法。

第三节　农业设计的研究对象与内容

要进行农业设计研究，除了必须明确其内涵与特征之外，还必须明确其研究对象与内容。

一、农业设计的研究对象

关于农业设计的研究对象，上面已经提到，那就是农业动植物及其赖以存在和发展的田园。在此，将其具体化。

1. 农业动植物

农业设计的研究对象之一是农业动植物。这里的农业动植物并不是其他动植物（如野鸡、野猪和野草等），也不是其他事物（如建筑、雕塑和服装等），而是用来从事农业，生产可满足人类物质需求和审美需求的动植物。不过，它应该包括已经栽培驯化、养殖驯化的动植物、正在栽培驯化、养殖驯化的动植物和计划栽培驯化、养殖驯化的动植物。具体可分为如下5大类：

农作物：包括水稻、小麦、高粱、玉米、番薯等粮食作物和甘蔗、甜菜、花生、芝麻、油菜等经济作物，以及青瓜、南瓜、冬瓜、辣椒、茄子等瓜果。

水果：包括菠萝、香蕉、苹果、荔枝、龙眼等水果。

树木和花卉：包括木麻黄、桉树、榕树、樟树、苦楝树等树木和菊花、玫瑰花、茉莉花、水仙花、大红花等花卉。

畜禽：包括猪、牛、羊等牲畜和鸡、鹅和鸭等家禽。

水产品：包括鱼、虾、蟹等水产品。

2. 农业动植物赖以生存和发展的田园

农业设计的研究对象之二是农业动植物赖以生存和发展的田园。这里的田园也并不是其他土地（如工矿用地、居民点和难利用土地等），也不是其他事物（如矿山、冰川和河流等），而是用来从事农业，生产可满足人类物质需求和审美需求的田园。不过，它是广义的，指的是所有的农业用地，包括所有已经用来生产、准备用来生产和可以用来生产的土地。具体地，则可分为如下6类（根据宗树森主编的《土地工作手册》整理）：

耕地。指种植农作物的土地，包括新开荒地、休闲地、轮歇地、草田轮作地；以种植农作物为主间有零星果树、桑树或其他树木的土地；耕种三年以上的滩地和海涂。耕地可分为灌溉水田、望天田、水浇地、旱地和菜地。

园地。指种植以采集果、叶为主的集约经营的多年生木本和草本作物，覆盖度＞50%，或每亩株数大于合理株数

70%的土地，包括果树苗圃等用地。园地可分为果园、桑园、茶园、橡胶园和其他园地。

林地。指生长乔木、竹类、灌木、沿海红树林等林木的土地。林地可分为有林地、灌木林、疏林地、未成林造林地、迹地和苗圃。

牧草地。指生长草本植物为主，用于畜牧业的土地。牧草地可分为天然草地、改良草地和人工草地。

水产品水域。指用来养殖鱼、虾和蟹等水产品的水域，包括已经用来养殖的和已经开垦出来而准备用来养殖的在内。水产品水域可分为天然陆地水面、人工陆地水面和海洋水面。

宜农荒地。指适宜农业生产而尚未开发利用的土地。宜农荒地可分为荒草地、盐碱地、沼泽地、沙地和裸土地。

二、农业设计的研究内容

从某种意义上可以说，研究内容是研究对象的进一步具体化。农业设计的研究内容如下：

1. 农业设计的基本问题

主要研究农业设计的存在与发展、内涵与特征、研究对象与内容和研究意义。

2. 农业资源调查与分析

主要研究农业资源的一般问题、农业自然资源调查与分析、社会经济调查与分析。

3. 农业审美产品市场

主要研究市场的一般问题以及农业审美产品市场的内涵、特征、类型、影响因素和调控。

4. 农产品设计

主要研究农产品的内涵、类型和农产品美的形式、特征以及农产品的设计方法、设计原则。

5. 作物植株设计

主要研究作物植株的内涵、类型和作物植株美的形式、特征以及作物植株的设计方法、设计原则。

6. 田园景观设计

主要研究田园景观的内涵、类型和田园景观美的形式、特征以及田园景观的设计方法、设计原则。

7. 田园科普设计

主要研究田园科普的内涵、类型和田园科普美的形式、特征以及田园科普的设计方法和应注意的问题。

8. 田园体验设计

主要研究田园体验的内涵、类型和田园体验情趣的形式、特征以及田园体验的设计方法和应注意的问题。

9. 田园养生设计

主要研究田园养生的内涵、类型和田园养生情趣的形式、特征以及田园养生的设计方法和应注意的问题。

10. 田园生活设计

主要研究田园生活的内涵、类型和田园生活情趣的形式、特征以及田园生活的设计方法和应注意的问题。

第四节　农业设计的研究意义

事物总是以客观而存在，以意义而研究。农业设计的研究意义主要表现在：农业设计是农业美学的工程体现，是田园风光的实现基础，是美学设计的农业实践。

一、农业设计是农业美学的工程体现

关于农业美学，笔者的定义是：农业美学，指的是研究人对农业的审美关系，以及通过农业动植物及其赖以生存和发展的土地、田园、水域和环境，乃至整个农村地区（包括农村地区的道路、城镇、集市、村庄、厂矿和自然环境等）为载体，进行农业劳动主体革命、农业劳动对象革命、农业劳动工具革命、农业劳动技能革命、农业劳动过程革命、农业劳动产品革命、农业劳动观念革命，建设美学农业，既生产农业物质产品，又生产农业审美产品，特别是通过田园景观化、村庄民俗化、自然生态化的实现，促进农业生产和农村经济发展的科学。可见，农业美学的主要目标是：田园景观化、村庄民俗化、自然生态化；基本任务是：农业劳动主体革命、农业劳动对象革命、农业劳动工具革命、农业劳动技能革命、农业劳动过程革命、农业劳动产品革命、农业劳动观念革命。

显然，这是总纲，是概说，是理论，要完成农业美学之任务，实现农业美学之目标，特别是要实现田园景观化，必须将总纲细化，概说细述，理论具体，即将抽象的理论变成具体的设计，变成可操作、可实施的工程。无疑，这必须通过农业设计。通过农业设计，设计田园景观化的工程方案，有方向，有目标，有内容，有重点，有步骤，有措施，可操作，可实施；通过农业设计，设计田园景观化的工程图案，有走向，有四至，有尺寸，有高低，有长短，有宽窄，有物体，可操作，可实施；通过农业设计，设计田园景观化的工程体现，理念现实化，理论实践化，抽象具体化。

上面提到的呈半圆头形树冠的荔枝，的确既健美，又有利于荔枝早结丰产，可以看作是农业美学的一个成果。当这一树冠尚未形成的时候，其设想就仅是理念，其整形修剪则是工程，而怎样整形修剪则是设计，是农业设计，它使理念体现在工程上。

二、农业设计是田园风光的实现基础

当我们走进田园，我们会常常看到田园风光，有的很美，就如画一般。上面提到的云南哈尼族的梯田依地形、顺地势建造，田园与山岭融合在一起，人工与自然融合在一起，生产性、生态性和审美性融合在一起，一眼望去，宛如“绿色地毯”拾级而上，很壮美。坐落在湖南省攸县上云桥镇的地杰度假村占地 49.73 公顷，视野开阔，空气清新，此起彼伏，布局合理，葱绿满眼，鲜果满坡，建筑优雅，绿水青坡，景色宜人，集种植、养殖、品果、垂钓、观光、娱乐、休闲、餐饮、居住于一体，犹如园林一般，同样很美。

哈尼族的梯田和地杰度假村都是田园风光，都是富有美感的田园风光，都是人工与自然结合的田园风光。无疑，哈尼族的梯田的人工成分少些，自然成分多些；地杰度假村的人工成分多些，自然成分少些。也无疑，哈尼族的梯田的人为意识小些，地杰度假村的人为意识大些；或者可以说，哈尼族的梯田的田园风光是人们在爱美天性的驱动下无意识行为的结果，地杰度假村的田园风光是人们在爱美天性的驱动下意识行为的结果，更是人们在农业设计指导下营造的结果。

可见，像地杰度假村之类的田园风光离不开人们的农业设计，农业设计是地杰度假村之类田园风光实现的基础。

三、农业设计是美学设计的农业实践

美学这一学科产生始于1750年鲍姆加登《美学》专著的出版，其思想的产生则要早得多，甲骨文“羊大为美”就是最早、最有力的见证。可以说，随着美学思想的产生、形成、发展，特别是美学学科的产生、形成、发展，美学设计就产生了、形成了、发展了。房屋的设计就是一个见证，即使是原始人居住的山洞除了自然山洞以外，人工开挖或人工修理的山洞都存在着设计，存在着美学设计，最明显的就是这种人工开挖或人工修理的山洞总是追求着对人类居住的适宜。当然，这种山洞很原始，很简单，这种适宜也很初步，很勉强。

随着美学的发展，美学设计不断成熟，不断渗透到各个领域。现代的建筑几乎都成了艺术品，实现了实用与审美的统一，功能与材料的统一。雕塑、绘画、音乐、舞蹈、戏剧、电影等艺术品更是美学设计的成果，科学、技术、服饰、饮食等也无不渗透着美学设计，园林、城市等成了美学设计在自然方面的延伸产物，如此等等。如果说笼统的表述会使人觉得模糊，那么，悉尼歌剧院、埃菲尔铁塔、维纳斯、《清明上河图》、《红楼梦》、《红高粱》、颐和园、珠海市等则会给你美学设计的客观实在。

然而，尽管美学始兴于农业，但是，农业美学的产生、形成却姗姗来迟，农业设计至今仍未催生，或者可以说，正在探索中。无疑，20世纪60—70年代的农田基本建设，80

年代兴起的农业综合开发，90 年代兴起的旅游观光农业，无不透现着人们对美、对农业美的追求，无不是农业设计的客观实践。不过，这一切更多体现的是人们对美、对农业美的无意识行为，更多反映的是一般工程建设的结果，而并不是农业美学的形成，不是农业设计的产生，更不是农业美学的指导，不是农业设计的运用。显然，农业的发展需要农业美学，需要农业设计。也显然，随着农业设计的产生、形成、成熟，农业美学理论将会在农业美学建设中得以体现，农业工程建设则将理性化、有序化、科学化，更将景观化、美学化，美学设计将在农业这一领域生根、发芽、开花、结果。

第二章 农业资源调查与分析

从某种意义上可以说,农业设计就是对农业资源进行人工重新调整、组合的一种设计;科学而合理的农业设计则是根据人们需求,遵循农业原理和美学原理,对农业自然资源进行人工重新调整、组合,使其在遵循自然规律和经济规律的基础上,实现既生产农业物质产品,又生产农业审美产品的一种设计。因此,要进行农业设计,必须了解、掌握、分析农业资源。

第一节　农业资源的一般问题

《现代汉语词典(2002 年增补本)》对“资源”一词的解释是:资源,生产资料或生活资料的天然来源。笔者认为,这应该是狭义的资源,广义的资源则应该是:资源,生产资料或生活资料的来源。事实的确应该是。我们常谈到地下资源、水力资源和旅游资源，我们还常谈到人力资源、关系资源和社会资源。如果说矿藏是地下资源，河流是水力资源，山水是旅游资源的话，那么，科技人员就是人力资源，左邻右舍就是关系资源，社区集市就是社会资源。又如果说矿藏、河流、山水是天然的东西的话，那么，科技人员、左邻右舍、社区集市就不是天然的东西，而是非天然的东西，是人为的东西了。可见，笔者的看法应该是正确的，是符合客观实际的。

基于此，农业资源就可以理解为农业生产资源的天然来源或来源；或者也可以理解为，狭义的农业资源为农业生产资料的天然来源，广义的农业资源为农业生产资料的来源。农业生产是自然再生产和经济再生产的过程。

又基于此，农业资源可分为农业自然资源和社会经济资源两大部分；或者可以说，狭义的农业资源或农业生产资料的天然来源仅指农业自然资源，广义的农业资源则还包括社会经济资源，也就是包括农业生产资源的人为来源。农业自然资源包括天然存在的土壤、气候、水和生物等内容，社会经济资源包括人为影响的土地、人口、科技、资金、物资、经济和政策等内容。

这里研究的农业资源是广义的农业资源；或者可以说，跟下来研究的是农业自然资源调查与分析和社会经济资源调查与分析。

第二节　农业自然资源调查与分析

农业设计首先是对农业自然资源进行人工重新调整、组合的一种设计。因此，在此先来研究农业自然资源调查与分析。

一、农业自然资源与农业设计的关系

既然农业设计首先是对农业自然资源进行人工重新调整、组合的一种设计。那么，它们之间就必然存在着密切的关系，更有必要揭示其关系。

1. 农业自然资源与农业设计是存在与发展的关系

农业自然资源是人类用来生产、准备用来生产、可以用来生产、提供能够满足人类营养需求、品尝需求和原料需求的产品的自然资源，包括土壤、气候、水和生物等。它们是一种客观存在，客观地存在于大自然之中，客观地以土壤、气候、水和生物等物体存在于大自然之中，客观地以作为农业用途的土壤、气候、水和生物等物体存在于大自然之中。这种存在虽然也有不同层次、不同形式，但在本质上基本都是相同，即都是围绕农业物质产品、特别是能满足人类营养需求、品尝需求和原料需求的农产品的生产而存在。开荒垦殖是，改良土壤也是，推广良种同样是。

而农业设计则是在确保上述目的实现的同时，运用艺术设计的方法，对农业自然资源进行重新排列、组合，使其还生产农业审美产品，生产美观的产品、健美的植株和美化的田园，即使农业自然资源发生质的飞跃。玉米由传统的玉米变成多彩的玉米是农业设计的结果，荔枝由植株高大变成植株矮小也是农业设计的结果，田园由秩序杂乱变成优美如画同样是农业设计的结果。一句话，农业设计使农业自然资源这一存在在利用的层次和形式上都取得了发展。

2. 农业自然资源与农业设计是自然与人为的关系

笔者的研究表明，农业自然资源都是创化的自然物体、人化的自然物体和生态的自然物体。尽管这样，农业自然资源主要还是创化的自然物体和生态的自然物体，即使离不开人化，但在传统农业上这种人化仍是遵循农业自然资源规律的结果，即主要还是自然的自然。土壤是主要的农业自然资源，人类的耕作、培育可改变其地力，但其类型的形成、演变却是上百年、上千年、甚至上万年土壤母岩在水、热等自然因素的作用下的结果。

而农业设计则不同，尽管也遵循农业自然资源的运动规律，但主要仍是一种人为，是人们根据物质需求和审美需求，特别是审美需求，对农业自然资源的组合，包括要素组合和空间组合，特别是空间组合，进行设计，或者可以说，使其成为符合人类意志的物体。如果说田园地力的提高是人类意志支配下的要素组合的话，那么，田园景观的美化则是人类意志支配下的空间组合。

3. 农业自然资源与农业设计是生态与艺术的关系

上面提到，农业自然资源是创化的自然物体、人化的自然物体和生态的自然物体。事实上，创化也好，人化也好，都无不是一定生态条件的创化和人化。砖红壤演化是一种创化，但这种创化无不局限于热带水热的生态条件。橡胶北移是一种人化，但这种人化同样无不局限于橡胶的生态条件。因此，农业自然资源总的来说是一种生态的物体。众所周知，生态本身就是一种美，一种自然要素的和谐美，黄山、九寨沟等自然风景区则往往会给生态美以淋漓尽致的表现。

然而，生态美又往往是有限的，往往难于满足人们的审美需求，准确地说，相当部分生态美与人们的审美标准及其需求是不相一致的。这样，为了改变这种状态，人们采用了艺术的手法，使这些生态美变成符合人们审美标准及其需求的艺术美。农业设计就是这样的一种艺术手法，一种使农业自然资源变成符合人们审美标准及其需求的艺术美的手法。客观地说，观光休闲农业园区几乎都是农业设计出来的艺术美。

4. 农业自然资源与农业设计是素材与设计的关系

上面提到，农业设计就是对农业自然资源进行人工重新调整、组合的一种设计；科学而合理的农业设计则是根据人们需求，遵循农业原理和美学原理，对农业自然资源进行人工重新调整、组合，使其在遵循自然规律和经济规律的基础上，实现既生产农业物质产品，又生产农业审美产品的一种设计。一句话，农业自然资源是素材，是包括土壤、气候、水和生物等要素在内的素材；农业设计是设计，是将农业自然资源这一素材，这一包括土壤、气候、水和生物等要素在内的素材，进行设计，重新组合。如果说雷州半岛打井抽水灌溉，是改肥沃的表土与稀缺的地表水组合为肥沃的表土与丰富的地下水组合的话，那么，蓝调庄园项目艺术景观的建设，则是改杂乱无章的田园组合为艺术景观“I love you”的组合。

二、农业自然资源调查

既然农业自然资源与农业设计是存在与发展、自然与人为、生态与艺术、素材与设计的关系，那么，要进行农业设计，首先必须调查农业自然资源，准确地说，首先必须进行基于农业设计目的的农业自然资源调查。

1. 土壤调查

土壤调查包括如下内容：

土壤基本情况：包括土壤的种类、面积、分布和植被等内容。

土壤理化性质：包括土壤的土层、机械组成、容重、孔隙度、pH值、养分含量（包括有机质含量、全氮含量、全磷含量、全钾含量、碱解氮含量、速效磷含量、速效钾含量等）和微量元素含量（包括全硼含量和有效硼含量、全锌含量和有效锌含量、全铜含量和有效铜含量、全锰含量和有效锰含量、全铁含量和有效铁含量等）等内容。

土壤利用现状：包括作物及其结构、沟渠、道路、林带、房屋、棚架、机井、水池和电网等及其分布、水面、农业后备资源和非农用地。

土壤美学价值：包括土壤的宜耕性、可塑性（指土壤可以改造及其程度的特性）、和谐性（指土壤与作物、沟渠、道路、林带、房屋、棚架、机井、水池、电网和周围环境形成和谐统一体的特性）等内容。

2. 气候调查

气候应调查的内容如下：

太阳辐射：包括各月、年均太阳辐射量及其区域差异和各月、年均日照时数及其区域差异等内容。

温度：包括各月、年均气温及其区域差异、年均≥12℃活动积温及其区域差异、极端最高气温和极端最低气温等内容。

降水：包括各月、年均降水量及其区域差异、年际降水变率及其区域差异和各月、年均蒸发量及其区域差异。

农业气象灾害：包括风灾、水灾、旱灾、寒灾等农业气象灾害的发生频率及其程度等内容。

气象美学价值：包括温、光、水、气、热等气候因子对农作物的生长适宜性、质量适宜性和外观适宜性等内容。

3. 水调查

水调查的内容如下：

地表水：包括年均降水量及其区域差异、降水量的年际与年内变化及其区域差异、年均径流量及其区域差异、径流量的年际变化及其区域差异等内容。

河流：包括河流的数量、分布、源头、走向、途径、长度、流域面积、集雨面积、年均径流量、年均径流深度、河床比降和利用状况等内容。

湖泊：包括湖泊的数量、类型、大小、面积、湖面高程、最大深水、蓄水量、水质和利用状况等内容。

人工蓄水：包括大中小型水库的数量、分布、控制集雨面积、库容、灌溉库容、设计灌溉面积和实际灌溉面积等内容。

地下水：包括地下水的分布、类型、资源量、可开采量、浅层可开采量和利用状况等内容。

水美学价值：包括水的充足度、质量和矿物质含量等内容。

4. 生物调查

生物应调查的内容是：

农作物：包括农作物的种类、分布、面积、形态特征、生理特征、生长发育规律、生产性能和栽培管理等内容。

树木：包括树木的种类、分布、面积、形态特征、生理特征、生长发育规律、生产性能、栽培管理和原始森林、原始次生林的植被类型、分布、面积等内容。

畜禽：包括畜禽的品种、分布、数量、外貌特征、体尺体重、生理特征、生长发育规律、生产性能和饲养管理等内容。

水产品：包括水产品的种类、分布、外貌特征、生理特征、生长发育规律、养殖品种、分布和面积等内容。

野生动植物：包括野生动植物的种类、分布、形态特征、生理特征、生长发育规律和与农业的关系（包括益、害两方面）等内容。

生物美学价值：包括观赏农作物和树木的种类、分布、数量、形态特征、生理特征、生长发育规律、生产性能、审美特点和栽培管理；包括观赏畜禽和水产品的品种、分布、数量、外貌特征、生理特征、生长发育规律、生产性能、审美特点和饲养管理；包括观赏野生动植物的种类、分布、形态特征、生理特征和生长发育规律等内容。

三、农业自然资源分析

就像碳、氢、氧，石头、山岭、水域一样，农业自然资源也是一种客观存在着的客观实在，无不表现着其自然价值。然而，其农业价值怎样，农业美学价值怎样，基于农业设计目的的价值又怎样？却是值得分析的。

1. 土壤分析

土壤分区分析。土壤利用既是微观利用，也是宏观利用。从宏观利用上来说，应主要考虑的问题是土壤区域分异规律。所谓土壤区域分异规律，就是土壤呈现区内相似、区间相异的规律。土壤分区则是依据土壤区域分异规律，在注意土种和行政区域完整性的基础上，把地理位置、地形地貌、水热条件和成土条件基本相同的土壤划为同一土壤区，并在此基础上，进一步将土壤类型、肥力特征、耕作习惯、农业结构、生产特点和改良利用基本相同的土壤划分为某一土壤区内的同一土壤亚区。湛江市在第二次土壤普查中，根据以上原则，将全市土壤分为4个区3个亚区。

土壤生产性分析。土壤生产性，指的是土壤的生产能力，也就是土壤的生物生产能力，准确地说，是土壤生产人类目的产品的能力。的确，由于人类目的产品的不同，对土壤的要求也不同。当目的产品是籽粒时，对土壤钾素要求较高，如水稻等；当目的产品是叶片时，则对土壤氮素要求较高，如剑麻等。基于此，土壤生产能力分析必须围绕目的产品来进行，分析基于目的产品的土壤有机质、氮、磷、钾等养分含量及其丰缺程度，土壤硼、锌、铜、锰、铁等微量元素含量及其丰缺程度，土壤质地、容重和孔隙度等物理性状及其强弱。

土壤适宜性分析。土壤适宜性，指的是在当时当地生态条件下，土壤对包括树木、花卉在内的农作物适宜程度。对不同作物或品种来说，土壤适宜性可分为多宜性、双宜性、单宜性和暂不宜性。多宜性，指的是适宜三种或三种以上的作物或品种；双宜性，指的是适宜两种作物或品种；单宜性，指的是适宜一种作物或品种；暂不宜性，指的是暂时不适宜作物种植，如盐碱地。从农业设计的角度来说，土壤的双宜性、特别是多宜性非常重要，因为这意味着可以在同一块田园或同一片田园，设计、种植两种或两种以上的作物或品种，从而通过作物或品种不同的株型、叶色、果色构成人们所期望的图案。上面提到的北京绿维创景规划设计院在蓝调庄园项目中，所设计的由作物构图形成的大地艺术景观“I love you”，就是对土壤多宜性利用的结果。对同种作物或品种来说，土壤适宜性则可分为生理适宜性、品质适宜性和外观适宜性。生理适宜性，指的是土壤对作物及其品种生长发育的适宜程度；品质适宜性，指的是土壤对作物及其品种目的产品，也就是通常所说的农产品的品质提高的适宜程度；外观适宜性，指的是土壤对作物及其品种的茎、枝、叶、花、果，特别是叶、花、果外观美观的适宜程度。水稻、花生、蔬菜、瓜果和油菜等作物在许多地方都可以种植，但在江西省丰城市董家—泉港、尚庄、曲江、洛市—秀市—铁路—荷湖一带约524.7平方千米的土地上种植，则能成为富硒农作物，生产“丰硒”系列农产品。因为这一带的土壤富含硒元素。这就是土壤对水稻、花生、蔬菜、瓜果和油茶等作物的生理适宜性和品质适宜性的具体表现。

土壤限制性分析。在土壤中，总有一些因素限制其对包括树木、花卉在内的农作物正常生长发育潜在能力的发挥。这就是土壤的限制性。土壤限制因素包括地形坡度限制、土壤质地限制、有效土层限制、土壤酸度限制、土壤盐碱化及改良条件限制、水文与排水条件限制、土壤障碍层限制、土壤侵蚀限制、水分限制和温度限制等。20世纪80年代开展的农业自然资源调查表明，我国土壤侵蚀分为水蚀区、风蚀区和融冻区3个区，其下又分别分为19个亚区、4个亚区和4个亚区。雷州半岛地处热带北缘，光温充足，雨量充沛，土壤肥沃，但东北部地区土性偏酸，中西部地区土性偏碱。菠萝是典型的热带水果，喜温喜雨喜肥，也喜偏酸的土壤，因此，十分适宜在雷州半岛东北部地区种植，而不适宜在中西部地区种植。这就是土壤酸碱度，扩而广之则是土壤限制因子对菠萝生产的限制，是对农作物生产的限制。

土壤改良性分析。土壤改良，指的是将不适宜农作物生长发育的土壤改造成适宜的土壤。从理论上可以说，所有土壤都可以改良。但是，在现实上，可以改良的土壤只能是技术条件和经济条件许可的土壤，因为任何土壤的改良都既要相应的技术，也要相应的投入。从这一点来说，所谓土壤改良性，就是一定技术条件和经济条件下可以改良的土壤及其可改良的程度。还在20世纪50—60年代，广东省徐闻县就通过实行农田方格化、开挖三沟（环山沟、排水沟、灌水沟）、渗沙改土、犁冬晒白、推广绿肥等措施，改良深泥田10万亩；通过渗沙改土、施用农家肥等措施，改良沙质田5万亩；通过引水洗咸、施用有机肥料等措施，改良海围田0.6万亩；通过开沟排水、降低地下水位、犁冬晒白、增施磷肥等措施，改良咸酸田10万亩。

2. 气候分析

气候分区分析。气候分区与土壤分区在原理上是基本相同的。所不同的是，气候分区依据的是气候区内相似、区间相异的气候区域分异规律，将在农业地理分布上有决定意义的相同的温、光、水、气、热等农业气候因子划为同一区域。据此，我国的农业气候区划分为3个农业气候大区15个农业气候带，即：①东部季风农业气候大区，分为北温带、中温带、南温带、北亚热带、中亚热带、南亚热带、藏南亚热带、北热带、中热带和南热带；②西北干旱农业气候大区，分为干旱中温带和干旱南温带；③青藏高寒农业气候大区，分为高原寒带、高原亚寒带和高原温带。

光能资源分析。无疑，光能资源分析的焦点在于提高作物的光能利用率。的确，在农业生产中，光能利用极为重要。研究表明，约有50%的阳光对农作物的光合作用发生作用，农作物的干物质有90%～95%来自光合作用对二氧化碳的固定，因此，必须千方百计提高作物的光能利用率。显然，提高作物的光能利用率，关键在于把握三点：一是太阳辐射和日照规律。具体表现在，各月太阳辐射量和日照时数，年均太阳辐射量和日照时数，最多年份太阳辐射量和日照时数，最少年份太阳辐射量和日照时数，各区域太阳辐射量和日照时数的差异。二是农作物对光能利用的规律。不同农作物对光能利用的规律不同，同一农作物不同生长发育期对光能利用的规律也不同，同一农作物不同器官对光能利用的规律同样不同。研究表明，谷类作物平时增加的有机物质只有约40%可以转化为籽粒产量，而在籽粒产量形成期的有机物质则有70%～90%转化为籽粒产量，这就是谷类作物不同生长发育期对光能利用的规律之一，也是谷类作物籽粒这一器官对光能利用的规律之一。三是合理安排农作物的种植时间。即根据太阳辐射、日照规律和农作物对光能利用规律，合理安排农作物的种植时间，使其生长发育时期对光能的利用与太阳辐射和日照规律相吻合。如将谷类作物的籽粒产量形成期安排在太阳辐射高值期，就能极好地提高籽粒产量。

热量资源分析。农作物的生长发育对热量有一定的要求，具体表现在：一是生长发育所需的最低温度；二是生长发育所需的基本温度；三是生长发育所需的基本积温；四是生长发育所能承受的最高温度。基于此，在热量资源分析中，就应抓住温度的运动规律。具体可表述为各月气温、年均气温、极端最低气温、极端最高气温、年均有效活动积温。例如，甘蔗全生育期对年均温度的要求是20℃，对≥10℃活动积温的要求是6500℃。蔗根生长最低临界温度是10℃，适宜温度是20～30℃，最适温度是27℃。蔗芽萌发最低温度为13℃左右，但在20℃以下，发芽很慢，适宜温度为25～35℃，最适宜温度为30～32℃，超过40℃抑制萌发，休眠芽在－1℃以下，萌动芽在0℃以下则被冻死。蔗苗生长温度必须20℃以上，25℃左右时适宜。甘蔗分蘖20℃时始进行，30℃时最旺盛。甘蔗伸长30℃左右最适宜，低于20℃缓慢，12～13℃极缓慢，10℃以下基本停止，－1.5～－2.5℃则茎尖生长点冻死。这就是甘蔗对温度的要求，准确地说，是甘蔗不同生育期、不同器官对温度的要求；现实上，热带、亚热带地区就是甘蔗生长的适宜区域。

水分资源分析。不同农作物对水分的需求不同，同一农作物不同生育期对水分的需求也不同，这就需要对水分资源进行分析，分析水分资源的运动规律，分析基于水分资源运动规律的农作物种植。水分运动规律的要素主要包括各月降水量、年均降水量、降雨年际差异、降雨区域差异、雨季和旱季。不同农作物的需水规律不同。甘蔗每伸长蔗茎1千克，平均需水133千克，每一单位重量的蔗茎含水70%以上。萌芽期、分蘖期、伸长期、成熟期需水量占整个生育期需水量的比例分别为8.4%～18.1%、15.4%～21.7%、

54.3%～57.8%和2.4%～19.6%。甘蔗对降雨的要求是年降水量1000毫米以上。春植蔗播种期（3月）、分蘖期（5月）、伸长期（6～9月）、成熟期（10月下旬至翌年2月）对月降水量的要求分别是80毫米以上、100毫米以上、150毫米以上、50毫米左右。显然，将水分资源的运动规律与甘蔗对水分的需求规律结合来分析，就能得出水分资源是否适宜甘蔗的种植，是否适宜甘蔗的生长发育。我国的海南、广东、福建、广西和云南是水分资源适宜区。

气象灾害分析。农业气象灾害，指的是农作物在温、光、水、气、热等农业气候因子不利的影响下，产生生长发育异常、或植株奇形、或产量下降、或质量变差、或外观丑化的现象。一般地，主要有寒露风、寒潮、低温霜冻、低温阴雨、强热带风暴、暴雨、干旱、冰雹、冰雪等农业气象灾害。这些灾害都是大气循环、水热运动的结果，因此，无不遵循其相应的运动规律。广东省徐闻县素以干旱著称，其干旱的规律是：小旱年年有，中旱3～4年一次，大旱7～8年一遇。基于此，农业气象灾害分析的技术路线自然是：一是选择适宜的作物种植。如在干旱地区选种耐旱的甘蔗、木薯等作物。二是从作物植期上错开灾害。如7～10月为台风季节，沿海地区的作物收获期就不宜安排在7～10月。三是采取措施增强农业抗灾能力。如加固海堤，可增强海堤抗御暴雨所形成的水灾能力。

3. 水分析

水分区分析。水资源同样存在区内相似、区间相异的区域分异规律；或者可以说，由于地形、地貌、水文、气象和地理等因素的影响，而出现区内相似、区间相异的区域分异规律。因此，水分区就依据上述因素进行。遵循区域分异规律，我国农业水利分为10个一级区、82个二级区、253个三级区和2130个四级区，10个一级区分别是：①东北山丘平原区；②黄淮海山地平原区；③内蒙古草原区；④西北黄土高原区；⑤江淮山丘平原区；⑥川陕山丘盆地区；⑦东南沿海区；⑧云贵高原区；⑨西北内陆区；⑩青藏高原区。

地表水资源分析。地表水资源分析的关键在于分析地表水资源的数量和质量对农作物的满足程度。这就无不关系到地表水的存在方式、运动规律和利用状况。存在方式，指的是地表水以降雨、河流、湖泊、人工蓄水等方式存在；运动规律，指的是地表水在时空上的运动、变化；利用状况，指的是地表水为农业生产、特别是农作物所利用的状况。关于农作物的需水规律，上面已有论述，在此不再重复。值得注意的是，相对于降雨来说，河流、湖泊和人工蓄水等地表水更易人为调控。

地下水资源分析。总的来说，地下水资源分析与地表水资源分析是基本相同的，不同的有两点：一是地下水的存在方式。即可利用的地下水资源量及其占地下水蕴藏量的比例，特别是浅层可利用的地下水资源量及其占地下水蕴藏量的比例。据统计，我国地下水资源量为7000亿立方米/年，浅区利用量384.6亿立方米/年，深区利用量为34.9亿立方米/年，分别占5.5%和0.5%，共计占6%。二是地下水利用的技术水平和经济能力。技术水平，指的是当时利用地下水的最高水平，包括世界水平、国内水平和当地水平三个层面，以及可利用的深度和可利用的地下水类型两个方面；经济能力，指的是实现技术水平所应具备的经济能力和实际具备的经济能力。在利用地下水的过程中，我国先后经历了钻打竹管井、大锅钻井、水泥管井、钢管井、岩石壁井、手摇泵食水井、小口径机井和大口径机井等。随着技术水平的不断发展和进步，地下水利用得愈来愈好。

4. 生物分析

农作物分析。一是分析农业自然资源与农作物的关系，包括土壤、气候、水和生物等农业自然资源，包括农业自然资源对农作物生长发育的有利因素和不利因素。二是分析社会经济条件与农作物的关系，包括农业劳力、农业技术、农业装备、农业资金和农业政策等社会经济条件，包括社会经济条件对农作物生产的有利因素和不利因素。三是分析农作物的历史与现状，包括农作物的起源、历程、种类、分布、面积、产量、质量、外观。四是分析农作物的发展趋势，包括市场需求、发展可能、推进路线和障碍因素。五是分析农作物的发展措施，包括技术措施、装备措施、资金措施、政策措施和组织措施。通过分析，我国将种植业划分为10个一级区和31个二级区。10个一级区分别是：①东北大豆春麦玉米甜菜区；②北部高原小杂粮甜菜区；③黄淮海棉麦油烟果区；④长江中下游稻棉油桑茶区；⑤南方丘陵双季稻茶柑橘区；⑥华南双季稻热带作物甘蔗区；⑦川陕盆地稻玉米薯类柑橘桑区；⑧云贵高原稻玉米烟草区；⑨西北绿洲麦棉甜菜葡萄区；⑩青藏高原青稞小麦油菜区。

树木分析。总的来说，树木要分析的内容和农作物是基本相同的，所不同的是分析的对象由农作物变成树木，由水稻、甘蔗和番薯等农作物变成木麻黄、桉树和台湾相思等树木，由生育周期较短的农作物变成生育周期较长的树木，同时，由注重作物产量变成注重树木材积量，由注重生产变成既注重生产又注重保护。在实践上，我国将林地划分为8个一级林区和50个二级林区。8个一级林区分别为：①东北用材、防护林区；②蒙新防护林区；③黄土高原防护林区；④华北防护、用材林区；⑤青藏高原寒漠非宜林区；⑥西南高山峡谷防护、用材林区；⑦南方用材、经济林区；⑧华南热带林保护区。

畜禽分析。一是分析畜禽的品种资源，包括猪、牛、羊和鸡、鹅、鸭等畜禽的种类、分布、数量、特征、大小、轻重、饲养特点和管理经验，猪、牛、羊等牲畜则还包括繁殖性能、役用性能、产肉性能和产奶性能。二是分析畜禽的饲料资源，包括饲料的种类、分布、面积、产量、副产品产量和利用状况。三是分析畜牧的草坡资源，包括草坡的类型、分布、等级、牧草品种、面积、产量、载畜量和利用状况。四是分析畜禽业的历史与现状，包括畜禽业的起源、历程、种类、分布、饲养量、出栏量。五是分析畜禽业的发展优势和存在问题，包括品种资源、饲料资源、草坡资源、畜禽劳力、畜禽技术、畜禽装备、畜禽资金和畜禽政策。六是分析畜禽业的发展战略，包括技术战略、装备战略、资金战略、政策战略和组织战略。20世纪80年代的农业自然资源调查和农业区划工作将全国划分为7个畜牧业区，即：①青藏高原区；②蒙新高原区；③黄土高原区；④西南山地区；⑤东北区；⑥黄淮海区；⑦东南区。

水产品分析。一是分析水域资源，包括内陆水域资源、浅海滩涂资源和海洋捕捞水域，包括可养殖面积和利用状况，可捕捞水域和利用状况。二是分析水产资源，包括水产品的种类和分布，特别是鱼类和经济动植物的种类和分布。

三是分析饵料、肥料资源，包括海养饵料饲料和淡养饲料，淡养饲料包括精粗饲料、青绿饲料、人畜肥料、化学肥料和动物性饲饵料等。四是分析水产业的历史与现状，包括水产业的起源、历程、装备、捕捞、养殖和产量等。五是分析水产业的发展优势和障碍因素，包括地理位置、资源条件、水域资源、水产资源、饵料、肥料资源、水产劳力、水产技术、水产装备、水产资金和水产政策。六是分析水产业的战略措施，包括技术的、装备的、资金的、政策的和组织的。20 世纪 80 年代的农业自然资源调查和农业区划工作则将全国划分为 3 个一级区和 19 个二级区。3 个一级区是：①内陆海业区；②浅海滩涂养殖区；③海洋渔业区。

其他生物分析。其他生物，指的是除农业动植物之外的其他生物，如蜈蚣草、结缕草、稻飞虱、蝗虫等。显然，对这些生物的分析，重点应在于：一是分析这些生物对自然资源的要求；二是分析这些生物的生长发育规律；三是分析这些生物与农业动植物的关系，包括有益的和有害的两方面；四是分析有益生物的利用；五是分析有害生物的防控。对水稻害虫稻飞虱的防治就属于有害生物防控的范畴。

5. 农业自然资源综合分析

农业自然资源综合运动规律。农业自然资源具有综合性，总是以综合的方式存在、运动和发挥作用。以综合的方式存在表现为：每一农业自然资源空间至少都同时存在两种或两种以上的农业自然资源；各种农业自然资源关系密切，既互相促进，又互相抑制。以综合的方式运动表现为：每一种农业自然资源的运动、变化总是以其他若干种农业自然资源的运动、变化为条件；每一种农业自然资源的运动、变化总会引起其他若干种农业自然资源的运动、变化。以综合的方式发挥作用表现为：在开发和利用的过程中，每种农业自然资源的作用都必须有若干种资源来配合才能发挥；农业自然资源的综合功能总是大于各种农业自然资源的功能之和。因此，必须分析农业自然资源综合运动规律，揭示土壤、气候、水和生物等各种要素在综合运动中的相互影响和相互作用，以及对农业生产的影响和作用。

农业自然资源综合评价。主要就是从综合的角度，评价农业自然资源之优势，即哪些要素是优势的，哪些要素又是劣势的，优势的优势在哪里，优的程度又如何，劣势的劣势在哪里，劣的程度又如何。雷州半岛地处热带北缘，光温充足，土壤肥沃，但干旱严重。因此，从综合的角度来说，光温充足、土壤肥沃就是优势，干旱严重则是劣势。

农业自然资源综合利用。包括综合利用的方向、目标、内容、措施等。我国自 20 世纪 80 年代以来开展的农业综合开发，就是农业自然资源综合利用的成功实践和范例。

第三节　社会经济资源调查与分析

社会经济资源与农业自然资源是农业资源的两大部分。继农业自然资源调查与分析后，接着研究基于农业设计目的的社会经济资源调查与分析。

农业设计的对象是农业自然资源，但由于农业自然资源与社会经济资源密不可分，因此，要进行农业设计，还必须调查与分析社会经济资源。这就是基于农业设计目的的社会经济资源调查与分析的必要性。

一、社会经济资源调查

进行农业设计，开展社会经济资源调查是必要的。那么，应调查什么内容？

1. 土地资源调查

土地资源调查包括土地数量、质量和类型三方面。土地数量主要是土地的分布和面积，土地质量主要是土地的宜农性，包括宜农、宜林、宜牧、宜渔面积及其适宜程度；土地类型分为耕地、园地、林地、牧草地、居民点及工矿用地、交通用地、水域和未利用土地，应调查的是其分布和面积。

2. 人口资源调查

人口资源调查同样包括人口数量、质量和类型三方面。人口数量主要是人口的户数和人数；人口质量主要是劳动力及其比例、高中和中专人数及其比例、大学专科人数及其比例、大学本科人数及其比例、硕士人数及其比例、博士人数及其比例；人口类型主要是专业类型，分为理科、工科、农科、医科、文学、艺术、经济、管理等，自然应突出的是农科，应进一步细分为种植业、林业、畜牧、水产，调查的内容自然是人数及其比例。

3. 科技资源调查

科技资源包括优良品种、先进实用技术、研究机构和推广体系四个方面。优良品种主要调查农作物、树木、畜禽和水产品的优良品种的种类、优良性、增产潜力、已推广面积（或养殖数量）、可推广面积（或养殖数量）、栽培（或养殖）技术和发展策略；先进实用技术主要调查其种类、先进性、增产性、适宜性、已推广地区和面积、可推广地区和面积、使用方法和推广措施；研究机构主要调查其类型、数量、规模、人员素质、研究能力、研究方向、研究成果、转化能力和转化情况；推广体系主要调查其类型、数量、规模、人员素质、推广能力、推广方向和推广情况。

4. 资金资源调查

资金资源调查的内容主要是资金来源、资金筹措、资金使用和资金管理。资金来源主要调查财政资金、信贷资金、社会资金、境外资金、业主资金和群众资金，调查其总资金、可利用资金和可利用度（即可利用资金占总资金的比例）；资金筹措主要调查筹措途径、筹措方式、筹措概率、筹措时间、筹措金额；资金使用主要调查使用范围、使用对象、使用过程和使用效果；资金管理主要调查管理机构、管理人员、管理机制、管理效果、管理实践和管理展望。

5. 物资资源调查

物资资源调查的内容与资金资源的基本相同，也是物资来源、物资筹措、物资使用和物资管理，不过，具体内容却不同。物资来源主要调查来源地区、来源厂家、来源类型、来源数量和来源质量；物资筹措主要调查筹措途径、筹措方式、筹措概率、筹措时间、物资运载和筹措资金；物资使用主要调查使用范围、使用对象、使用方法、使用过程和使用效果；物资管理主要调查管理机构、管理人员、管理机制、管理效果、管理实践和管理展望。

6. 经济资源调查

这里的经济资源指的是当地的国民生产总值、财政收入、银行存款、人均国民生产总值、人均纯收入、人均银行存款；当地的农业总产值、农村集体经济收入、农民银行存款、农村人均农业产值、农村人均纯收入、农村人均存款。

7. 政策资源调查

政策资源要调查的是近年来在农村中所推行的各种政策，当然，主要是经济政策，调查这些政策的主要要点、推行范围、落实情况、执行效果、存在问题和修正内容。

二、社会经济资源分析

调查的目的全在于利用，而要进行科学、合理的利用，还必须进行分析。跟下来的就是基于农业设计目的的社会经济资源分析。

1. 土地资源分析

土地资源要分析的内容：一是农业生产的发展、特别是美学农业生产的发展对土地资源的要求，包括对土地资源的数量要求、质量要求和类型要求；二是现有农业用地的潜在生产能力、实际生产能力、障碍因素、利用现状和发展方向；三是后备农业用地的分布、类型、数量、适宜性、潜在生产能力、障碍因素、利用方向和开发措施；四是农业用地的多宜性和对观赏农作物的适宜性；五是农用地内部之农作物用地、林业用地、畜牧用地和渔业用地的协调存在、和谐发展；六是农业用地与居民点及工矿用地、交通用地间的协调存在、和谐发展。

2. 人口资源分析

人口资源应分析如下内容：一是农业生产的发展、特别是美学农业生产的发展对人口资源的要求，包括对人口资源的数量要求、素质要求和专业要求；二是农业人口的数量、性别结构、年龄结构、劳动力及其素质、技能和培训途径；三是农业科技人员的数量、年龄结构、学历结构、职称结构、专业结构、继续教育和人才引进；四是农业美学人员的数量、年龄结构、学历结构、职称结构、专业结构、继续教育和人才引进；五是全民的素质提高和共同发展。

3. 科技资源分析

分析科技资源内容如下：一是农业生产的发展、特别是美学农业发展对科技资源的要求，包括对优良品种的种类要求、数量要求、优良性要求、适宜性要求和技术性要求，对先进实用技术的种类要求、水平要求和应用要求，对研究机构的类型要求、数量要求、规模要求、人员素质要求、研究能力要求、研究成果要求和转化能力要求，对推广体系的类型要求、数量要求、规模要求、人员素质要求、推广能力要求和推广效果要求；二是品种资源、特别是观赏作物品种资源在种类、数量、优良性、适宜性、技术性与农业生产发展、特别是美学农业生产发展要求的吻合程度及其改进途径；三是技术资源、特别是美学农业技术资源在种类、水平和应用上与农业生产发展、特别是美学农业发展要求的吻合程度及其拓展途径；四是研究机构、特别是农业美学研究机构在类型、数量、规模、人员素质、研究能力、研究成果、转化能力与农业生产发展、特别是美学农业生产发展要求的吻合程度及其发展途径；五是推广体系、特别是美学农业推广体系在类型、数量、规模、人员素质、推广能力、推广效果与农业生产发展、特别是美学农业生产发展要求的吻合程度及其提高途径；六是美学农业科技与农业科技在机构上、人员上、资金上和物资上的和谐共处和协调发展。

4. 资金资源分析

一般来说，资金资源分析如下内容：一是农业生产发展、特别是美学农业生产发展对资金数量的要求，包括绝对数量、相对数量和递增比率等；二是资金来源对农业生产发展、特别是对美学农业生产发展的满足程度，包括财政资金、信贷资金、社会资金、境外资金、业主资金和群众资金；三是资金筹措途径的可靠性、方式的可行性、概率的稳定性、时间的把握性和资金的落实性；四是资金使用范围的把握、对象的明确、过程的跟踪和效果的分析；五是资金管理的机构健全、人员配套、机制建立、效果分析、实践总结和展望措施。

5. 物资资源分析

物资资源一般要分析如下内容：一是农业生产发展、特别是美学农业生产发展对物资资源的要求，包括物资资源的来源地区、来源厂家、来源类型、来源数量和来源质量；二是物资筹措途径的可靠性、方式的可行性、概率的稳定性、时间的把握性、运载的工具性和资金的落实性；三是物资使用范围的把握、对象的明确、方法的运用、过程的跟踪和效果的分析；四是物资管理机构的健全、人员的配备、机制的建立、效果的分析、实践的总结和展望的内容。

6. 经济资源分析

应分析的经济资源内容如下：一是农业生产发展、特别是美学农业生产发展与国民生产总值、财政收入、银行存款、人均国民生产总值、人均纯收入、人均银行存款的关系；二是农业生产发展、特别是美学农业生产发展与农业总产值、农村集体经济收入、农民银行存款、农村人均农业产值、农村人均纯收入、农村人均存款的关系。

7. 政策资源分析

政策资源内容分析如下：一是农业生产发展，特别是美学农业生产发展对政策的要求；二是现有政策对农业生产发展，特别是美学农业生产发展的成功与缺憾；三是土地使用，特别是美学农业土地使用优惠政策的制定；四是人才培养、引进与奖励，特别是美学农业人才培养、引进与奖励政策的制定；五是科技研究与推广，特别是农业美学研究与应用政策的制定；六是资金扶持，特别是美学农业资金扶持政策的制定；七是其他相关政策的制定。

8. 社会经济资源综合分析

所谓社会经济资源综合分析，就是对土地资源、人口资源、科技资源、资金资源、物资资源、经济资源和政策资源等社会经济资源进行综合分析，分析它们之间的相互关系及其调控机制，使它们能朝着既定的综合目标运动和发展。

第三章
农业审美产品市场

农业设计的本质是对农业资源进行人工重新调整、组合，但动因和归宿，却是农业审美产品市场。无疑，尽管农业美学悄然兴起于21世纪初，但是，真正意义的美学农业尚未开始。因此，现在就来研究农业审美产品市场似乎显得过早。不过，先从理论上探讨一下还是必要的。

第一节　农业审美产品概述

要研究农业审美产品市场，首先必须研究农业审美产品。关于农业审美产品，笔者在拙著《农业美学初探》中已有所研究。

一、农业审美产品的内涵

笔者定义的农业审美产品，指的是：以农业动植物及其赖以生存和发展的土地、田园、水域和环境，乃至整个农村地区（包括农村地区的道路、城镇、集市、村庄、厂矿和自然环境等）为载体，进行农业劳动主体革命、农业劳动对象革命、农业劳动工具革命、农业劳动技能革命、农业劳动过程革命、农业劳动产品革命、农业劳动观念革命，对各构成要素按照美学规律合理地排列和组合，创造农业美，特别是通过田园景观化、村庄民俗化、自然生态化的实现，生产出来的既能满足人们物质需求，又能满足人们审美需求的产品。

关于农业审美产品，还可从下面三方面来作进一步的理解。

二、农业审美产品是一种产品

产品，是“劳动产品”的简称。粮食，是人们有目的地从事粮食生产劳动创造出来的，能满足人们果腹需要的物品，是产品；水果，是人们有目的地从事水果生产劳动创造出来的，能满足人们营养和品尝需要的物品，是产品；等等。

美观的产品，如多彩玉米，五光十色，很为美，是人们有目的地从事美观产品生产劳动创造出来的，能满足人们物质需求和审美需求的物品，也应该是产品；健美的植株，如盆景苹果，多彩多姿，很为美，是人们有目的地从事健美植株生产劳动创造出来的，能满足人们审美需求的物品，还应该是产品；美化的田园，如观光农园，风光如画，很为美，是人们有目的地从事美化田园生产劳动创造出来的，能满足人们审美需求的物品，仍应该是产品；等等。一句话，美观的产品、健美的植株和美化的田园等这些农业审美产品也是一种产品——一种具有粮食、水果等产品之共性的产品。

三、农业审美产品是一种服务产品

李江帆教授在《第三产业经济学》一书中对服务产品进行了论述，认为司机开车、医生看病、教师上课和演员表演等服务产品是非实物形态的劳动成果，不具有静止质量，没有一定的体积，具有可叠加性。

农业审美产品虽然也具有粮食、水果、手表和电视机等产品之共性，也就是具有实物形态劳动成果能满足人们物质需求之共性，还具有非实物形态劳动成果能满足人们精神需求之特性，即农业审美产品又是一种服务产品。下面的论述将充分地证明这一点。

首先，没有静止质量。农业物质产品如稻谷、香蕉、甘蔗和猪、牛、羊等，也与其他物质产品一样，由实物粒子组成，其所含物质的量等于组成实物各种基本粒子质量的总和，都具有一定的静止质量，可用测量质量的基准单位如吨、千克、克等表示，如1000克稻谷、100千克香蕉、10吨甘蔗，这头猪300千克重等；而农业审美产品则不同，不具有静止质量，不能用测量质量的基准单位来表示。

其次，也没有一定的体积。农业物质产品如稻谷、香蕉、甘蔗和猪、牛、羊等，由分子构成，分子间距的大小和分子数量的多少，就决定了其体积的大小。而农业审美产品则不同，不存在任何分子，自然不存在分子间距和分子数量，也就无所谓体积了。

最后，具有可叠加性。所谓可叠加性，指的是在同一空间可同时存放两种或两种以上的产品的特性。农业物质产品如稻谷、香蕉、甘蔗和猪、牛、羊等，具有一定的质量和体积，不能同时占据同一空间，即不具有可叠加性。例如，在同一块田园，种了稻谷，就不能种香蕉了。读者也许会问，作物间套种不是在同一块田地上种植两种或两种以上作物的吗？不过，间套种的农作物其实是不同作物占据不同空间，如甘蔗和花生间套种，花生占据的是甘蔗与甘蔗大行之间的空间。而农业审美产品则不同，由于没有质量和体积，可同时与其他服务产品占据同一空间，即具有可叠加性。例如，在旅游农业观光景点，可同时播送音乐，即将农业审美产品与音乐产品叠加在一起。

四、农业审美产品是一种特殊的服务产品

农业审美产品不但具有服务产品之共性，而且具有其本身固有的个性，即还是一种特殊的服务产品。

作为特殊的服务产品，农业审美产品首先具有依附性。所谓依附性，就是农业审美产品必须以农业动植物及其赖以生存和发展的土地、田园、水域和环境，乃至整个农村地区（包括农村地区的道路、城镇、集市、村庄、厂矿和自然环境等）为载体，并以这一载体的存在而存在、发展而发展的特性；也就是，农业审美产品必须依附于这一载体。产品美必须依附于产品之上；植株美必须依附于植株之上；田园美必须依附于田园之上，甚至必须依附于周边整个农村地区之

上。而其他服务产品却不一定存在依附性。

其次农业审美产品具有常变性。所谓常变性，就是农业审美产品经常发生变化的特性。作物植株从发芽到出苗到长叶到拔节到分枝到开花到结果是一个过程，更是一个不断变化的过程。因此，依附于作物植株之上的植株美也势必随之不断变化，即从作物植株美之变化，足可见农业审美产品具有常变性。而其他服务产品则往往不具有常变性。

农业审美产品最后具有模糊性。所谓模糊性，就是农业审美产品的外延界线模糊不清的特性。农业审美产品以农业动植物及其赖以生存和发展的土地、田园、水域和环境，乃至整个农村地区（包括农村地区的道路、城镇、集市、村庄、厂矿和自然环境等）为载体，这就使其外延界线模糊不清，即其外延界线是到田园边缘为止，还是到田园四周环境边缘为止，或是到乡村的什么分界线为止？这是无法界定的，特别是乡村是广阔的，乡村与城市又是相连的。而其他服务产品由于没有一定的质量和体积，故其外延界线也是模糊的，但相对于农业审美产品来说却又是可以粗略界定的。

第二节　农业审美产品市场的内涵、特征与类型

农业审美产品市场的内涵、特征与类型是农业审美产品市场的基本问题，也是这里研究的问题。

一、农业审美产品市场的内涵

什么是农业审美产品市场？笔者认为，农业审美产品市

场应该是农业审美产品生产者、经销者、消费者和管理者共同驱动下形成的农业审美产品交换关系的总和。

在这里，农业审美产品的生产者、经销者、消费者和管理者是农业审美产品市场形成的四要素或主要要素。生产者将美观的产品、健美的植株和美化的田园等农业审美产品生产出来，是农业审美产品市场存在和形成的条件；经销者将美观的产品、健美的植株和美化的田园等农业审美产品推向市场，是农业审美产品市场存在和形成的链条；消费者将美观的产品、健美的植株和美化的田园等农业审美产品加以消费，是农业审美产品市场存在和形成的动因和归宿；管理者将生产者之生产、经销者之经销、消费者之消费加以管理、约束、规范，形成和谐的统一体，推动农业审美产品市场理性、规范、有序、健康地向前发展，是农业审美产品市场的灵魂。

在这里，农业审美产品的生产者、经销者、消费者和管理者又通过相互关系形成农业审美产品市场。生产者在消费者的需求的拉动下，生产美观的产品、健美的植株和美化的田园等农业审美产品，通过经销者链接市场，销售给消费者，为消费者所消费；管理者则使生产者在管理、约束、规范中生产，使经销者在管理、约束、规范中经销，使消费者在管理、约束、规范中经销，并使这三者形成和谐的统一体——农业审美产品市场。

值得注意的是，农业审美产品已在生产，甚至可以说，农业一经形成就在生产了。不过，那时的农业审美产品几乎都是人类无意识生产的，或者可以说，都不是为满足消费者需求而生产的，或者也可以说，都是不进入市场的，都不是商品。

随着人们生活水平的提高，闲暇时间的增多，农业审美产品消费的需求，农业审美产品逐渐有意识地生产。观光农业的兴起就是最好的例证。无疑，随着美学农业的兴起，农业审美产品的有意识生产将在范围上更广，在深度上更深，在内容上更多，在社会上更显。

农业审美产品市场正在逐渐形成，但是，并不是始于农业开始产生、形成之时，而是始于观光农业开始产生、形成之时，并将随着美学农业的产生、形成、发展，而逐渐走向成熟。一句话，农业审美产品的消费需求是农业审美产品市场产生、形成的动因和归宿。

二、农业审美产品市场的特征

1. 场地的田园性

所谓场地的田园性，指的是农业审美产品市场以田园为产品交易的场地的特征。

上面的研究表明，农业审美产品具有依附性，即必须以农业动植物及其赖以生存和发展的土地、田园、水域和环境，乃至整个农村地区（包括农村地区的道路、城镇、集市、村庄、厂矿和自然环境等）为载体，并以这一载体的存在而存在、发展而发展。因此，农业审美产品的生产、销售和消费只能在田园，即农业审美产品市场只能在田园，存在于田园，建设在田园，发展在田园，也就是场地具有田园性。其实，这是显而易见的。要欣赏田园风光，也就是购买、消费田园风光，只能到田园去；到图画展厅中虽然也可欣赏到田园风光，但是，那毕竟是作为艺术作品的田园风光，而不是作为农业审美产品的田园风光。

农业审美产品市场的田园性在其他市场中往往是不具有的，或者可以说，其他市场往往不具有田园性。农产品市场也好，钢材市场也好，百货市场也好，文具市场也好，如此等等，往往都是建在城镇里，建有楼房，设有当口，置有货架，放有产品。

2. 产品的非实物性

所谓产品的非实物性，指的是农业审美产品市场所经营、销售的农业审美产品是非实物产品的特征。

农业审美产品市场所经营、销售的产品自然是农业审美产品，是美观的产品、健美的植株、美化的田园，是多彩的玉米、盆栽的苹果、观光的园区。上面的研究表明，这些产品，这些农业审美产品，是服务产品，是非实物形态的劳动成果，没有静止质量，没有一定的体积，具有可叠加性。因此，农业审美产品市场所经营、销售的农业审美产品具有非实物性。

农业审美产品市场的非实物性在其他市场中往往也是不具有的。农产品市场也好，钢材市场也好，百货市场也好，经营、销售的产品都是实物形态的劳动成果，都有静止质量，都有一定的体积，都没有可叠加性。农产品市场经营、销售的是粮食、糖油、蔬菜、猪牛和鱼虾等，钢材市场经营、销售的是钢筋和钢板等，百货市场经营、销售的是毛巾、脸盆、牙刷和衣架等。

3. 时间的季节性

所谓时间的季节性，指的是农业审美产品市场所经营、销售的农业审美产品在时间上呈现出比较明显的季节性的特征。

众所周知，农业生产是自然再生产和经济再生产的过程，无不受到土壤、气候、水和生物的作用，特别是在气候的影响下呈现季节性，早稻种植于上半年，晚稻种植于下半年，甘蔗种植于冬春季节，收获于翌年的冬春季节，即表现出造别的季节性。不但如此，农作物的生长发育也呈现季节性，基于此，加上依附性的存在，农业审美产品市场自然具有时间的季节性，即早稻市场只能存在于上半年，晚稻市场只能存在于下半年。

农业审美产品市场的季节性在其他市场中往往同样是不具有的，或者可以说，其他市场往往同样不具有季节性。

4. 地区的差异性

所谓地区的差异性，指的是农业审美产品市场所经营、销售的农业审美产品在地区上存在和表现比较明显的差异的特征。

众所周知，由于不同地区的土壤、气候、水和生物等农业自然资源的不同，特别是气候的不同，加上农业生产又无不受到这些因素的影响，因此，不同地区的农业生产不同。

其他审美产品市场所经营、销售的审美产品也存在地区差异性，如黄山与都是山水的泰山、庐山的景观就不同，其以奇松、怪石、云海、温泉之四绝而闻名于世。不过，更多的所经营、销售的审美产品却不存在地区差异性，准确地说，可以消除或缩小地区差异性，如北京的世界公园，可建在北京，也可建在其他城市。至于其他实物产品市场所经营、销售的实物产品更是不存在地区差异。

5. 交换的导游性

所谓交换的导游性，指的是农业审美产品市场通过导游来经营、销售农业审美产品的特征。

大凡市场都存在交换，抑或是生产者与消费者直接交换，抑或是通过中介间接交换。在间接交换中，中介往往是经销者、零售商、代销商、批发商，但在农业审美产品市场中，中介则是导游。的确，是这样。在农业观光园区，游客的组织是导游，景观的介绍是导游，价值的实现是导游。一句话，农业审美产品市场具有交换的导游性。

6. 交易的多次性

交易的多次性，指的是农业审美产品市场所经营、销售的农业审美产品可进行多次、重复的交易的特征。具体地，同一农业审美产品可同时销售给多个消费者，也可不同时多次销售给同一消费者。

上面的研究表明，农业审美产品具有依附性，依附于农业动植株及其赖以生存和发展的土地、田园、水域和环境，乃至整个农村地区（包括农村地区的道路、城镇、集市、村庄、厂矿和自然环境等）之上，并随着载体变化而变化，且不因经营、销售、消费而改变，更不会转移到消费者之中。因此，同一农业审美产品可同时被多个消费者所消费。

其他市场、特别是实物产品市场所经营、销售的产品，特别是实物产品，并不依附于什么东西，而是直接以自身存在，因此，一旦交易形成，便由生产者或经销者的手中转到消费者手中，不具有交易的多次性。

三、农业审美产品市场的类型

尽管真正意义的农业审美产品市场尚未形成，但是，随着人们生活水平的不断提高，农业审美产品的需求量将愈来愈大，农业审美产品市场日益繁荣，并将出现、形成如下细分市场：

1. 农产品市场

这里的农产品，指的是人类运用栽培、养殖和管理等手段，利用农业动植物的生理机能，通过与土壤、气候、水和生物等自然资源的作用，生产能满足人类对淀粉、脂肪、蛋白质等营养需求和甜、酸、苦、辣等品尝需求以及糖料、油料、木料等原料需求，同时满足人类对审美的需求的产品，包括籽粒、果实、叶片、茎秆、块根、花朵、畜禽产品和水产品等八大类。籽粒类农产品如水稻、小麦和高粱等；果实类农产品如荔枝、龙眼和菠萝等；叶片类农产品如剑麻、芦荟和香茅等；茎秆类农产品如甘蔗、树木和竹等；块根类农产品如番薯、木薯等；花朵类农产品如无花果、菜花和菊花等；畜禽类农产品如猪、牛、羊和鸡、鹅、鸭等；水产品类农产品如鱼、虾和蟹等。显然，农产品市场就是关于以上农产品交换关系的总和。其特点表现在：

一是农产品以两种方式存在。一种是存在于作物植株之中，主要用来观赏，如盆景苹果上的苹果和苹果观光园里的苹果；另一种是离开了作物植株，存在于市场或展厅或其他地方，既用来食用，也用来观赏，市场上的苹果主要用来食用，展厅里的苹果主要用来观赏。

二是农产品既讲外观，也说品质。当农产品仅用来观赏时，主要讲外观；当农产品既用来观赏也用来食用时则既讲外观，也讲品质。外观体现在美观，品质体现在营养丰富、品质优良、卫生安全和口感适宜，外观与品质的统一则体现在美观的外观能够反映品质之营养丰富、品质优良、卫生安全和口感适宜。多彩玉米外观五光十色，比传统的黄色玉米要美得多；而外观五光十色的多彩玉米往往又是糯米玉米，这就是外观美观与品质优良的统一了。

三是需求量最大。由于这种农产品既可满足人们的审美需求，又可满足人们的营养需求、品尝需求和原料需求，因此，其市场需求量最大，不但在农业审美产品中是市场需求量最大的，而且将日益取代传统的农产品，成为农产品市场的主导产品。上面提到的多彩玉米，初时主要出现在博览会或展销会的展台上或展柜里，现在则逐渐占领了玉米市场，出现在菜市里、餐桌上。

2. 作物植株市场

这里的作物植株指的是在人类栽培、养殖和管理等手段的运用下，利用自身的生理机能，通过与土壤、气候、水和生物等自然资源的作用，生产能满足人类对淀粉、脂肪、蛋白质等营养需求和甜、酸、苦、辣等品尝需求以及糖料、油料、木料等原料需求的产品的农业动植物，包括农作物、水果、树木和花卉、畜禽和水产品等五大类。至于这五大类的具体所指在第一章中已有所列，在此不再列举。也显然，作物植株市场则是关于以上作物植株交换关系的总和。其特点如下：

一是作物植株也以两种方式存在。一种是存在于田园之中，如苹果园里的苹果树；另一种是存在于花盆之中，如花盆苹果的苹果树。不过，不管哪一种存在方式，都既考虑其观赏，也考虑其挂果。

二是作物植株日益园艺化。存在于田园之中的作物植株日益园林化，在讲究单株植株的同时，强调群体植株的造型和构图，蓝调庄园项目艺术景观“I love you”就是作物群体植株艺术构图的结果；存在于花盆里的作物植株日益盆景化，着重强调植株的造型，盆栽苹果往往就有许多种造型。

三是盆景作物需求量逐渐增大。随着人们生活水平、特别是生活质量的提高，盆景作物，也就是存在于花盆里的作物植株逐渐走进人们的居室、房间、庭院，与其他盆景并驾齐驱，既起着盆景的装饰、美化作用，又充当食用的蔬菜和水果。

3. 田园景观市场

这里的田园所指的是第一章所提及的田园。田园景观，指的则是以这些田园为载体，以农业动植物为基调，田、林、水、电、路协调统一，在农业物质产品的追求中凸现农业审美产品，从而形成田园风光的农业景观，分单一型田园景观、相间型田园景观、点缀型田园景观、林网型田园景观、设施型田园景观、阶梯型田园景观、文化型田园景观、园林型田园景观（将在第六章中详细论述）。显然，田园景观市场则是关于以上田园景观交换关系的总和。这一市场的特点如下：

一是以审美享受为内容。即通过田园景观的欣赏，引起人们的审美情趣，愉悦人们的审美心理，满足人们的审美需求。在田园景观设计中，有连片整齐一致的作物景观，也有断续的作物景观，还有其他的作物景观。整齐一致的作物景观会给人以整齐感，有断有续的作物景观则会给人以节奏感。

二是以田园景观为形式。即以单一型田园景观、相间型田园景观、点缀型田园景观、林网型田园景观、设施型田园景观、阶梯型田园景观、文化型田园景观和园林型田园景观为形式。哈尼族梯田就是典型的阶梯型田园景观。

三是是最大的田园细分市场。在农业审美产品市场中，田园景观市场是最大的田园细分市场。田园科普市场以田园科普为卖点，田园体验市场以田园体验为卖点，田园养生市场以田园养生为卖点，田园生活市场以田园生活为卖点。但它们都无不是景观化的，田园科普是景观化的田园科普，田园体验是景观化的田园体验，田园养生是景观化的田园养生，田园生活是景观化的田园生活。在田园科普市场中，所栽植的作物新品种，所经营、销售的作物新品种知识，无疑应通过作物新品种的田园景观化来实现。

四是以广大城镇居民为对象。田园景观市场以审美享受为内容，适合于广大城镇居民，准确地说，城镇居民老少咸宜，男女咸宜。绿油油的稻田是一种田园景观，更是一种具有普遍意义的田园景观。

五是逐渐成为人们主要的审美对象。随着人们的生活水平的提高，特别是生活质量水平的提高，加上人们对回归自然、返璞归真的追求，田园景观将逐渐成为人们主要的审美对象，特别是成为城镇居民主要的审美对象。蓬勃发展的休闲农业证明了这一点。

4. 田园科普市场

田园科普指的是以田园为载体，用农业生产及其过程、行为、工具来普及农业知识的科普活动方式，分为作物种类知识普及、作物栽培知识普及、栽培技术知识普及、生产工具知识普及、作物新品种知识普及、先进实用新技术知识普及、现代农业装备知识普及、农业发展知识普及和农业文化知识普及等九种类型（将在第七章中详细论述）。根据上面对细分市场的定义，田园科普市场自然就是关于田园科普产品交换关系的总和。其特点如下：

一是以农业知识为内容。即田园科普产品以作物种类、作物栽培、栽培技术、生产工具、作物新品种、先进实用新技术、现代农业装备、农业发展和农业文化等农业知识为内容。水肥一体化栽培技术是一项先进实用的栽培技术，在普及栽培技术中，就可考虑列入普及范围。

二是以“新、奇、珍、稀、特、古”为形式。“新”是“新颖”，“奇”是“奇怪”，“珍”是“珍贵”，“稀”是“稀有”，“特”是“特色”，“古”是“古老”。方形西瓜相对于传统西瓜或圆形西瓜、椭圆形西瓜来说，就显得“新、奇、珍、稀、特”了。

三是以青少年为主要消费群体。田园科普市场的功能主要是普及农业知识，因此，其主要消费群体是求知或求知欲强烈的青少年，其次的消费群体则是对农业知识感兴趣的城镇居民。

四是田园科普将逐渐成为农业科普的主要形式之一。田园科普具有田园性、真实性、多样性、参与性等特征，将日益受到青少年们的青睐，逐渐成为农业科普的主要形式之一。的确，是的，愈来愈多的青少年走向乡村，走到田园，欣赏作物，了解农业，掌握知识。

5. 田园体验市场

田园体验，指的是通过在田园中进行农业劳动，获取农业劳动知识，体验农业劳动的生活方式，分种植体验、田间管理体验、收获体验、品尝体验、加工体验、农业劳动工具使用体验、农业投入品应用体验、农业劳动技能运用体验等八种类型（将在第八章中详细论述）。根据上面对细分市场的定义，同样可知，田园体验市场就是关于田园体验产品交换关系的总和。其特点主要有：

一是以农业劳动体验为内容。即以种植劳动、田间管理劳动、收获劳动、品尝劳动、加工劳动、农业劳动工具使用劳动、农业投入品应用劳动、农业劳动技能运用劳动等各种农业劳动为田园体验的内容。果园采果，亲自采摘，收获了果实，引发了情趣，愉悦了心情，自然应成为田园体验的内容。

二是以农业劳动为形式。即以以上各种农业劳动为田园体验的形式，也就是通过这些劳动获得田园体验的经验、感受和情趣。上面提到的采果，采果是形式，是农业劳动，是以农业劳动这一形式实现了采果之体验。

三是以城镇居民为对象。农业劳动、田园体验对乡村农民是习以为常的，但对城镇居民来说却是陌生的、有益的、有趣的，因此，田园体验产品消费的对象是城镇居民。摘果对果农是一种劳动、甚至是一种辛苦的劳动，但对城镇青年来说却充满乐趣。

四是市场需求量逐渐增大。随着生活水平的提高和物质消费的满足，农业劳动将日益成为人们的生活方式之一，因此，参与田园体验的人们会逐渐增多，从而推动田园体验成为人们的娱乐方式之一。

6. 田园养生市场

田园养生，指的就是以这些田园为生活空间，以农作、农事、农活为生活内容，以农业生产和农村经济发展为生活目标，回归自然、享受生命、修身养性、度假休闲、健康身体、治疗疾病、颐养天年的一种生活方式（将在第九章中详细论述）。田园养生市场则是关于田园养生产品交换关系的总和。其特点如下：

一是以养生为内容。即以回归自然、享受生命、修身养性、度假休闲、健康身体、治疗疾病、颐养天年为内容。目前，到田园中回归自然、度假休闲已逐渐成为市民的时尚。

二是以农作、农事、农活为田园养生的形式。农作指的是农业生产和农村经济活动，农事指的是农村中除农业生产和农村经济活动之外的其他一切社会事务，农活指的则是农村中的日常生活。度假休闲是田园养生的内容之一，它通过参与农作、农事、农活等形式来实现。

三是以老年人和慢性病患者为主要对象。从定义来看，田园养生主要是以老年人和慢性病患者为对象，当然，也包括青少年和中年人在内，对于中年人来说，则主要是比较富有的城市人。目前，愈来愈多的城镇老人返乡养老，虽不是完全意义的田园养生，但已彰显出田园养生的雏形。

四是田园养生将逐渐取代传统的疗养院。与传统的疗养院相比，田园养生的环境更优美，空气更清新，内容更丰富，形式更多样，效果更显著，因此，田园养生将会逐渐取代传统的疗养院。

7. 田园生活市场

田园生活，指的则是将这些田园作为庭院的延伸，作为庭院的有机组成部分，建成庭院化的田园，建成田园化的社区，成为人们日常生活的空间和场所，并将农耕活动作为日常生活的主要内容之一（将在第十章中详细论述）。田园生活设计既具有自我性，也具有为他性。显然，只有为他人设计出来的田园才具有市场性。而所谓田园生活市场自然应是这部分田园生活产品交换关系的总和。其特点如下：

一是以生活为内容。即以吃、穿、住、行、娱等日常生活为田园生活的内容。目前，已有人在乡村租房、甚至购房小住，即短时间居住，也就是连续居住10多天、几个月、甚至一年半载，但是，总的来说，还未形式潮流，同时，这些居住也不是完全意义的田园生活。

二是以农耕活动为主要形式。在田园生活中，尽管以吃、穿、住、行、娱等日常生活为内容，但是，主要的形式却是农耕活动，也就是备耕、种植、除草、施肥、淋水、防虫、治病、收获等农耕活动。农耕活动成为主要的生活形式。

三是以中高层收入城镇居民为消费群体。进入田园生活市场，往往意味着既在城镇居住，也在乡村居住，这往往是中高收入的城镇居民。田园生活富有田园情趣，对文人尤其有吸引力，因此，在田园生活市场消费群体中，尤以文人为多，准确地说，尤以中高层收入的城镇文人为多。

四是田园生活市场会愈来愈大。客观地说，目前田园生活市场尚未形成，但会逐渐形成，并会愈来愈大。因为经济是发展的，人们的收入水平和生活水平是愈来愈高的，在城镇和乡村居住的人们自然会愈来愈多。是的，谁不希望生活丰富多彩，谁不希望同时生活在两个具有质的区别的生活空间呢？

第三节　农业审美产品市场的影响因素及其调控

任何事物都存在于一定的时空中，受到这一时空中的各种要素的影响；而通过相应的调控，则可使其在这一时空中朝着一定的轨迹运动和发展。农业审美产品市场也不例外。

一、农业审美产品市场的影响因素

不同事物存在和发展的时空不同，影响的因素也不同，农业审美产品市场的影响因素主要有生产、经销、消费和管理等。

1. 生产因素

市场是生产的动因，也是生产的归宿，但生产却是市场产品形成的决定因素，因此，生产无不影响着市场。

一是生产者的认识。认识是行动的指南，认识决定着生产。这在美学农业发展初时更为明显。生产者只有认识到发展美学农业的必要和可能，才会主动地、积极地发展美学农业，生产农业审美产品。简单地说，瓜农只有认识到方形西瓜可以赚钱，可以赚到比圆形西瓜和椭圆形西瓜多的钱，并掌握方形西瓜的栽培技术，才会主动地、积极地种植方形西瓜。

二是生产者的素质。任何产品都是人为的结果，都是人类利用技术等要素作用于劳动对象的结果。农业审美产品也不例外，多彩玉米是农业研究人员培育出来的，是农业生产人员栽培出来的，是多彩玉米研究技术、栽培技术运用的结果，因此，生产者的素质无不影响着农业审美产品生产，影响着农业审美产品市场。

三是生产的自然资源。农业生产是自然再生产和经济再生产的过程，无不受土壤、气候、水和生物等自然资源的制约，作为也是农业生产的农业审美产品的生产自然也不例外，甘蔗适宜于热带、亚热带地区，甜菜适宜于温带地区就是例证。

四是生产的社会经济条件。既然农业生产是自然再生产和经济再生产的过程，那么，社会经济条件同样制约着农业生产，制约着农业审美产品生产。显而易见的是，农业也好，美学农业也好，作为民间自行发展，或作为政府行为来发展，其效果是完全不同的。观光休闲农业自2009年上升为国家战略以来，其发展势头愈来愈猛。

2. 经销因素

大凡市场都包含经销因素，大凡产品都需要经销。在农业审美产品市场中，其经销的主要形式是旅游，经销的主体则是导游。

一是经销者的素质。即经销者所具备的经销能力，包括认识水平、策划水平、组织水平、推介水平、导游水平等。盆栽苹果的审美性、装饰性、品质性、卫生性、安全性和实惠性是客观存在的，但要让消费者认识、接受、消费都取决于导游，也就是经销者的水平、特别是推介水平。

二是经销的方式。作为旅游，经销的方式自然主要是组团，不过，作为组团，可自由组团、单位组团、朋友组团、家庭组团。无疑，最具个性意义的是自由组团，最具集体意义的是单位组团，最具情趣意义的是朋友组团，最具亲情意义的是家庭组团。换句话，可根据消费者的不同需求，采取不同的组团方式。

三是经销的条件。农业审美产品的经销主要采用旅游的方式，因此，其经销受到交通、住宿、饮食等服务条件的制约，包括硬件和软件两个方面。如果说硬件可满足消费者生理方面的需求的话，那么，软件则可满足消费者心理方面的需求。

3. 消费因素

消费是产品生产的归宿，也是产品价值的体现，其对市场的影响是显而易见的。

一是消费者的经济水平。从某种意义上可以说，消费的过程就是经济的转化过程，也就是经济把劳动转化到产品上的过程，因此，消费者的经济水平无不影响着消费，也就是影响着产品从生产者的手中转移到消费者的手中。国际经验表明，人均GDP达到1000美元时，观光性旅游形成；达到2000美元时，休闲的多样化需求和多样化选择形成；达到3000美元时，度假需求产生。台湾经验则表明，人均产值3000美元时，进入观光农业阶段；7000美元时，进入休闲农业阶段；13000美元时，进入度假农业阶段。

二是消费者的文化素质。消费农业审美产品是一种文化消费，扩而广之则是一种精神消费，因此，农业审美产品消费与消费者的文化素质不无关系。在经济水平一定的条件下，消费者的文化素质愈高，其农业审美产品的消费量愈大。何忠伟、曹暕（2012）的研究表明，北京休闲农业的游客以高学历者为主，专科以上学历者占84%。

三是消费者的闲暇时间。农业审美产品消费既是一种文化消费，也是一种休闲消费，即工作之余的消费，因此，其消费量无不受消费者的闲暇时间影响。我国正在实行双休日、长短假和公休制度，这无疑给消费者、特别是农业审美产品消费者提供了比较充足的闲暇时间。

四是消费者的审美情趣。闲暇时间的利用有多种方式，审美情趣的熏陶和释放也有多种方式，对具体人来说更是这样，读书看报是一种方式，静坐发呆也是一种方式，种花养鱼还是一种方式。当然，还包括农业审美产品的消费，这样，农业审美产品的消费自然就与消费者的审美情趣有关了。一般来说，文化人的农业审美产品审美情趣较浓。

五是其他产品的冲击。其实，消费过程还是一个产品选择的过程。人们在消费的过程中，往往对同类产品进行选择，选择价廉物美的。都是文化产品，都是审美产品，哪一个价格便宜，哪一个审美情趣浓厚，自然就会成为消费者选择的对象。苹果盆景和榕树盆景都是盆景，都是审美产品，但对于爱自栽、自摘、自尝的消费者来说，自然会选择苹果盆景。从这一角度来说，农业审美产品要占领市场，必须价格相对便宜，审美情趣相对浓厚。

4. 管理因素

管理，是计划、组织、指挥、监督、调节。显然，当农业审美产品市场还较小的时候，管理的作用不大，但随着其数量增加、种类增多、范围扩大、形式多样，管理的作用就日显重要了。

一是管理者的能力。这里的能力，主要是宏观调控能力、组织协调能力、业务指导能力。显然，在这些管理能力的作用下，农业审美产品市场就能正常地运转。目前，农业部农产品加工局和农村社会事业发展中心均设有休闲农业处，我国的休闲农业正在其领导下有条无紊地向前发展。

二是管理的机制。即管理农业审美产品市场的方法，包括人员管理、设施管理、产品管理、价格管理、税收管理、卫生管理、安全管理等。显然，合理、科学、有效的管理机制将有利于农业审美产品市场的正常运转和健康发展。目前，从中央到地方的休闲农业主管部门都在出台相应的发展规划或管理方法，尽管还不是完全意义的农业审美产品市场管理机制，但却可以说包含了其雏形。

三是管理的到位。再好的机制都必须到位、到实处，才能产生效果，才能起到管理农业审美产品市场的作用。管理的到位应包括人员到位、资金到位、物资到位、技术到位、措施到位等。2012 年 10 月，农业部在南京市主办的“首届全国休闲农业创意精品推介活动暨第八届中国·南京农业嘉年华”体现了这一点。

二、农业审美产品市场的调控

建设农业审美产品市场需要调控，建好农业审美产品市场更需要调控。关于调控，也就是要使农业审美产品市场朝着健康的方向运动和发展，应从如下几方面着手：

1. 宣传上的调控

农业美学始兴于 21 世纪初，是新事物；农业审美产品为美学农业所生产，是新事物。因此，在农业审美产品市场建设中，宣传是很重要的一环。

宣传的目的有三：一是观念的改变。即要让人们，特别是消费者认识到：农业不仅仅生产农业物质产品，而且还生产农业精神产品，特别是农业审美产品；农业不仅仅可提供农业物质享受，而且还提供农业精神享受，特别是农业审美享受；人们不仅仅可消费农业物质产品，而且还可消费农业精神产品，特别是农业审美产品。二是产品的价值。即要让人们、特别是消费者认识到：农业审美产品是审美产品之一，是精神产品之一；消费农业审美产品是审美需要，是精神需要，是生活需求；消费农业审美产品是回归自然、返璞归真的理想形式；消费农业审美产品可满足农产品审美需要、作物植株审美需要、田园景观审美需要、田园科普需要、田园体验需要、田园养生需要和田园生活需要。三是发展的必要。即要让人们、特别是生产者认识到：发展美学农业是农业发展的客观要求，发展美学农业是农村建设的必然要求，发展美学农业是农民增收的有效途径，发展美学农业是人们生活丰富的理想方式。

宣传的途径有二：一是利用资料、报纸、杂志、广播、电视、网络等媒体进行。二是通过组织现场参观、旅游进行，让消费者达到“百闻不如一见”的目的。

2. 资金上的调控

任何事物的运作都需要资金的支撑，农业审美产品市场的建设也不例外，设施建设需要资金，人员配置需要资金，宣传推介需要资金，如此等等。然而，从总体来说，资金是一定的。当可调控的资金较多地倾斜于农业审美产品市场建设时，则意味着农业审美产品市场建设相对有利，发展相对更快、更好。当可调控的资金较多地倾斜于农业审美产品市场某一要素建设时，如设施建设，或人员配置，或宣传推介，则意味着农业审美产品市场某一要素建设相对有利，发展相对更快、更好。当可调控的资金较多地倾斜于农业审美产品某一细分市场建设时，如农产品市场，或作物植株市场，或田园景观市场，或田园科普市场，或田园体验市场，或田园养生市场，或田园生活市场时，则意味着农业审美产品某一细分市场建设相对有利，发展相对更快、更好。

3. 价格上的调控

在市场中，消费总是离不开价格。当产品的质量相同时，价格较低的总是比较走俏。农业审美产品也不例外。因此，在农业审美产品市场建设中，通过价格的调控，是可以影响市场的。

4. 管理上的调控

上面谈到，管理是影响农业审美产品市场的要素之一，因此，通过计划、组织、指挥、监督和调节等管理行为，可以调控农业审美产品市场。

一是组织管理。即成立相应的组织管理机构，配置设施，配备人员，设施要适用、够用、先进，人员要精干、肯干、协调。

二是人员管理。主要就是从业人员的素质教育和技能培训，通过教育、培训的方式，使从业人员具备良好的职业道德和较高的业务能力。

三是设施管理。这里的设施包括交通道路、食宿、车辆、旅游用品和信息平台等。管理的目标自然是使这些设施符合农业审美产品市场的需要，使其能将农业审美产品由产品变成商品，从生产者的手中推销到消费者手中。

四是要素管理。即将农业审美产品市场建设中的各种相关要素，包括生产者、经销者和消费者，包括生产、流通和消费，包括场地、产品和设施等，有机地组合在一起，形成合力，推动农业审美产品市场建设健康发展。

第四章
农产品设计

农产品设计，指的是根据人类的物质需求和审美需求，对农产品进行设计，使其成为既品质优良、营养丰富、卫生安全、口感适宜，又外观美观的物品。

第一节　农产品的内涵与类型

显然，要设计农产品，首先必须弄清楚什么是农产品。

一、农产品的内涵

随着社会的发展，农业的进步，特别是农业美学的兴起，农产品的内涵和外延都在拓展。笔者这里所研究的农产品，在第三章已提及，指的是人类运用栽培、养殖和管理等手段，利用农业动植物的生理机能，通过与土壤、气候、水和生物等自然资源的作用，生产能满足人类对淀粉、脂肪、蛋白质等营养需求和甜、酸、苦、辣等品尝需求以及糖料、油料、木料等原料需求，同时满足人类对审美需求的产品。具体包括如下几层含义：

首先，农产品是农业动植物的器官。无疑，一提到农产品，人们自然会想到稻谷、粮食、糖蔗、蔬菜、水果、猪牛和鱼虾等。的确，这些都是农产品，但是，它们首先是农业动植物的器官。稻谷是水稻的籽粒；糖蔗是甘蔗的茎秆；蔬菜有的是叶片，有的是果实，有的是茎秆，有的是根系，有的是花朵；水果大多是果实，也有茎秆的，也有叶片的，也有其他的；猪是包括头、身、脚、尾在内的猪的所有器官，牛、鱼、虾也一样。

其次，农产品又是能满足人类营养需求、品尝需求或原料需求的农业动植物的器官。稻谷能满足人类对淀粉的营养需求，是农产品；糖蔗能满足人类对甜味的品尝需求和对蔗料的原料需求，是农产品；蔬菜能满足人类对维生素等的营养需求，是农产品；水果能满足人类对维生素等的营养需求和对甜味等的品尝需求，是农产品；猪牛能满足人类对脂肪的营养需求，是农产品；鱼虾能满足人类对脂肪和蛋白质的营养需求，是农产品。值得注意的是，当人类追求的是淀粉这一营养需求时，水稻生产的稻谷才是农产品，生产的稻叶、稻秆、稻根则不是农产品；其他农业动植物可同理推之。

再次，农产品还是能满足人类审美需求的农业动植物的器官。玉米的苞是玉米的器官之一，也是人们种植玉米的主要追求或目的追求，可满足人类对淀粉等营养的需求，但传统的玉米苞，也就是一般来说玉米粒呈黄色的，只能算是传统意义的农产品，只有外观美观的多彩玉米等玉米苞，才能算是美学农业的农产品，也就是农业设计所应设计的农产品。

最后，农业动植物的任一器官都可成为农产品。农业动植物的任一器官都是农业动植物生产出来的，都可成为农产品，准确地说，当人类需要的时候，其就成为农产品。人类开始栽培菠萝的时候，目的是生产叶片，用叶片作原料，提取纤维，纺织布匹，因此，对菠萝来说，当时的农产品是叶片。后来，人类的目的是生产果实，用果实来品尝、来获得营养，因此，这时的农产品是果实。现在，人类的目的则是在生产果实的同时，又利用叶片来搞综合利用，提取纤维织布匹，因此，现在的农产品既有果实，也有叶片。

二、农产品的类型

角度不同，分类不同。这里从农业动植物的器官出发，对农产品进行分类。农产品可分为如下8大类型：

1. 籽粒

水稻、小麦和高粱等农作物主要是以其籽粒来作为农产品的。

2. 果实

荔枝、龙眼和菠萝等水果则主要是以其果实来作为农产品的。

3. 叶片

剑麻、芦荟和香茅等作物用来作为农产品的是叶片。

4. 茎秆

甘蔗、树木和竹等作物用来作为农产品的则是茎秆。

5. 块根

用块根来作为农产品的农作物有番薯、木薯和葛薯等。

6. 花朵

用花朵来作为农产品的农作物则有无花果、菜花和菊花等。

7. 畜禽产品

畜禽产品指的是猪、牛、羊等牲畜和鸡、鹅、鸭等家禽。其作为农产品的是整个身躯。

8. 水产品

水产品指的则是鱼、虾、蟹等产品。其作为农产品的也是整个身躯。

第二节　农产品美的形式与特征

任何美都会以一定的形式来表现，以一定的特征来存在，农产品美也不例外。

一、农产品美的形式

农产品是丰富的，其表现美的形式自然是多样的。不过，可以归纳为如下9种形式：

1. 形状美

形状美，指的是通过农产品的外部形状来表现美的一种形式。例如，西瓜通常是圆形、椭圆形，后来种出了一种方形西瓜，这种方形西瓜就在形状上给人以新鲜感、美感。

2. 大小美

大小美，指的则是通过农产品的个体大小来表现美的一种形式。例如，传统的西红柿一般如拳头一般大小，但小化的西红柿，也就是圣女果，仅如拇指一般大小，给人以新鲜感、美感。

3. 组合美

通过农产品之间的不同组合来表现美的一种形式，就是组合美。例如，紫花三号芒果就是成串成串的。

4. 线条美

通过农产品外部之线条来表现美的一种形式，则是线条美。例如，黑美人西瓜外部线条均匀分布，给人以纺锤线一般的感觉。

5. 色彩美

所谓色彩美，就是农产品通过外部色彩来表现美的一种形式。例如，多彩玉米，五颜六色，与常规玉米相比，的确能在色彩上给人以美的感觉。

6. 文字美

所谓文字美，就是农产品通过外部做有文字来表现美的一种形式。例如，在苹果未成熟的时候，在其表皮上贴上“福”字、“喜”字样，通过阳光的作用，苹果成熟时，其表皮就会出现“福”字、“喜”字样。这样的苹果与无字的苹果相比，的确能在文字上给人以美的感觉。

7. 图案美

在农产品的外部做有图案，使其具有美感，就是图案美。地处晋西黄土高原的吉县，是苹果优势区域，种植的富士苹果曾获北京水果国际博览与展评会金奖。为了进一步提高苹果的市场竞争力，该县成功地开发出贴有日本富士山图案和北京奥运会图案的富士苹果，深受消费者欢迎。

8. 文化美

给农产品赋予相应的文化内涵，使其具备相应的文化韵味，从而表现美的一种形式，叫做文化美。在第十届中国西部国际博览会上，成都市新津县柳江蔬菜专业合作社生产一只巨型南瓜，重达 280 千克，被赋予“睡美人”的文化内涵，从而极大地吸引了广大参观者的眼球，成为明星级的审美对象。

9. 内涵美

所谓内涵美，指的是农产品的美好外观能够表现其内部之优良的品质、丰富的营养、安全的卫生、适宜的口感。简单地说，表里统一就是内涵美。雷州半岛西部冬春气温较高、空气干爽，十分适宜芒果的抽穗扬花。因此，在这一地区种植的芒果，挂果多，产量高，皮色靓，品质好，汁多，肉脆，味甜，这就是内涵美的表现。

二、农产品美的特征

农产品属农业的范畴，其美无不具有农业美的共同特征，但也应具有其本身固有的特征。

1. 器官性

器官性，指的是农产品美以农业动植物的器官来作为存在和表现载体的特性。

上面的研究表明，农产品是农业动植物的器官，抑或是籽粒，抑或是果实，抑或是叶片，抑或是茎秆，抑或是块根，抑或是花朵，抑或是畜禽产品，抑或是水产品，因此，依附其上的农产品美自然以这些器官来作为其存在和表现的载体。

而其他农业美则不是这样。作物植株美存在和表现的载体不是农业动植物的某一器官，而是作为一个整体的所有器官，如盆栽苹果，其美的存在和表现的载体是包括茎、枝、杈、叶、花、果在内的整株苹果树。田园美存在和表现的载体更不是农业动植物的某一器官，而是整个田园，包括田块、田埂、沟渠、道路、林带、房屋、机井、水池、电网、棚架和种植在田园中的农作物以及周边的自然环境，农业观光园就是这样。

至于那些农业美之外的其他美则更不是这样。建筑美的存在和表现的载体是由钢筋、水泥、砖块等建筑材料组合而成的建筑；雕像美的是用石头、钢铁、木材雕刻而成的雕像。

2. 独立性

独立性，指的则是农产品美可以以独立的方式存在和表现的特性。

籽粒、果实、叶片、茎秆和块根等器官往往存在于农作物之中，但也可以离开农作物而独立存在，特别是籽粒和果实，其离开农作物独立存在的时间长短则取决于其耐鲜或保鲜时间。因此，依附其上的农产品美就能随着其离开农作物而独立存在。其实，关于这一问题是很容易理解的。苹果树上的苹果存在和表现着苹果美，采摘下来的苹果同样存在和表现着苹果美，放在手上是这样，放在桌上也是这样。

而依附于作物植株之上的作物植株美则不同，由于作物植株必须依赖于土壤、依赖于田园的固定和供肥供水，因此，其美不能独立存在和表现。即使是盆栽的作物植株美，如盆栽苹果，也一样，不同的只是将田园的土壤移到花盆之中。

田园美更是这样。因为其所依附的田园存在于周围环境之中，存在于自然之中，存在于大地之中，因此，田园美不但要做到田块、田埂、沟渠、道路、林带、房屋、机井、水池、电网、棚架和作物等自身要素协调一致，而且要做到与周围环境协调一致。

然而，非农业美的其他美却往往与农产品美一样具有独立性。建筑美所依附的建筑虽建于大地之上，却可独立存在；雕像美所依附的雕像更具独立性。

3. 随意性

所谓随意性，则是农产品美可以根据人们的审美需求，随意地加以组合，以各种不同的组合方式存在和表现的特性。

农产品美的随意性也完全基于其独立性。一堆苹果，根据人们的审美需求，可以垒成圆锥体、长方体、立方体等立体形状，也可以排列成圆形、椭圆形、正方形、长方形、三角形、六角形、八角形等几何图案，还可以排列成"福"、"寿"、"禄"等文字形状，甚至可以排列成花、虫、鸟等物体图案。

显而易见的是，依附于盆栽作物之上的作物植株美也具有随意性，但却不如农产品美那么容易，那么强烈。如盆栽苹果也可排列成上述图案，依赖搭架也可垒成上述立体形状。依附于田园作物之上的作物植株美和依附于田园之上的田园美却不具有随意性。

4. 农产品性

农产品美依附于农业动植物的器官之上。但这些器官不但是农业动植物的器官，而且还是作为农产品的器官。这就是农产品美的农产品性。

客观地说，大凡人类有目的地生产而又能满足人类某种需求的物品都是产品。农作物的植株是这样，水稻除稻谷之外，其叶片可以用来喂牛，茎秆可以用作还田的肥料；甘蔗除茎秆之外，其叶片和蔗梢也均可以用来喂牛；如此等等。田园也是这样，其形成的田园风光可满足人类的审美需求。至于建筑、雕像、书画就不一一论述了。不过有一点，也就是根本的一点，就是它们都不能像农产品一样具有上面所提到的特点和作用。

第三节　农产品设计的方法与原则

上面的研究表明，农产品美有九种形式。显然，这些形式的农产品美都可人为地加以控制，即通过相应的设计方法和设计原则约束使其得以实现。

一、农产品设计的方法

农产品设计，其实就是根据人类的审美需求，采用相应的设计方法，对农产品进行设计，通过农作物，使其能够在确保其满足人类营养需求、品尝需求和原料需求的前提下，满足人类所期望的美的形式。笔者认为，农产品的设计方法有如下几种。

1. 物理方法

通过模具，可改变农产品的形状，使其变成人们所期望的形状，成为人们的审美对象。这种方法就叫做物理方法。例如，方形西瓜，就是用方形模具使本来呈圆形的西瓜变成的。山东省莘县莘城镇菜农通过模具，种出形似“仙桃”和

"玫瑰花"等形状的西红柿。

2. 工艺方法

运用雕刻、描画、编织、粘贴等方法，使农产品具有艺术美的图案，就是工艺方法。北京市大兴区采用工艺方法，设计制作了黑陶工艺品、造型葫芦、玻璃艺术西瓜、黄豆画等工艺农产品。青云店镇小回城村的张金良，更是用放大镜来在黄豆上画画，制作了"红楼十二钗"、奥运福娃、奔马图等工艺黄豆产品。

3. 化学方法

通过化学反应，使农产品的外表出现人们所期望的文字或图案，成为人们审美对象的方法，叫做化学方法。上面提到的在表皮上有"福"字、"喜"字等文字的苹果，就是在苹果未成熟时，在苹果的表皮贴上"福"字和"喜"字等文字，通过阳光的作用，使苹果在成熟时出现"福"字和"喜"字。

4. 育种方法

作物品种是可以培育的，杂交水稻就是采用杂交育种的方法培育出来的；生产相应农产品的作物品种也是可以培育的，株形直立、中大茎、节间圆锥形、呈微之字形排列的新台糖 10 号甘蔗品种就是用新台糖 5 号作父本，用台糖 152 作母本，通过杂交，培育出来的。能够生产具有美感的农产品的作物及其品种，同样是可以培育的。育种方法是农产品的一种设计方法。

5. 栽培方法

作物的根、茎、枝、杈、叶、花、果主要取决于品种，但也取决于栽培。在品种的前提下，可以通过栽培，实现作物的根、茎、枝、杈、叶、花、果，实现作物的产品，当然，包括具有美感的作物的根、茎、枝、杈、叶、花、果，具有美感的作物的产品。显然，这一过程就是通过栽培实现农产品设计的过程，这一方法就是农产品设计的栽培方法。的确，采用栽培方法，可生产出具有美感的农产品。农作物标准化栽培技术是一种栽培技术，也是一种可生产品质优良、营养丰富、卫生安全、口感适宜、外观美观的农产品的栽培技术。

6. 借景方法

从收获与否的角度来分，农产品可分为已收获的农产品和未收获的农产品。显然，对已收获或者离开了作物、离开了田园的农产品，其美的表现，主要取决于农产品本身；而对于未收获或作物之中、田园之中的农产品，其美的表现既取决于农产品本身，也取决于其所寄存的作物和田园。这就是借景问题，即借助作物和田园来表现美。很显然，借景的方法有三种：一是使农产品与作物、田园协调、统一，形成景观；二是使作物、田园与农产品协调、统一，形成景观；三是同时使农产品与作物、田园相互协调、统一，形成景观。其实，这一方法在实践中已有应用，在芒果园，外观美观、硕果累累的芒果挂满枝头，在微风的吹动下，无不与芒果树、芒果园形成迷人的田园风光。

二、农产品设计的原则

如果说农产品设计的方法是一种技术的话，那么原则就是一种约束，一种确保技术有效实施，从而实现设计理想目标的约束。在农产品设计中，必须注意的一些问题，也就是必须遵循的一些原则是：

1. 动态与静态相结合的原则

农产品总是处在不断的变化之中。农产品是有生命的，是生命的载体，因此，总是处在不断的变化之中，细胞在分裂，生命在运动，体积在增大，外形在变化。农产品在收获之前是这样，在收获之后也是这样，只是不再这么明显了。芒果的形成从开花到挂果，从拇指一般大小到拳头一般大小，从绿色的果皮到黄色的果皮，即使从树上摘下，果内的糖分也正转化，果皮颜色也在变化。

农产品又总是不时处于相对静止的状态之中。农产品总是处于作物植株的某一位置，相对于周围的茎、枝、杈、叶、花、果来说，往往是静止的；采摘下来的农产品放置于某一地方，相对于这一地方来说，则更是静止的。农产品是有生命的，总是在运动着，但在某一时刻、甚至在某一时段，其运动、变化是肉眼感觉不出来的，是相对静止的。悬挂于芒果树之上的芒果在没有风的作用下是不动的，采摘下来放在篮子里更是不动的，果皮颜色则难于在一天里看到变化。

这就无不要求在设计上做到动态与静态相结合。所谓动态，就是农产品从产生、形成到成熟、收获到上市、消费整个过程的连续变化。所谓静态，就是农产品从产生、形成到成熟、收获到上市、消费整个过程中的每一时点的状态。所谓动态与静态相结合，就是农产品在从产生、形成到成熟、收获到上市、消费整个过程连续变化的过程中，每一时点的状态都应该符合人们的审美需求。芒果开花挂果时花繁果累，成熟收获时皮黄色靓，上市消费时新鲜可口，就是芒果设计做到动态与静态相结合。

农产品设计做到动态与静态相结合很为必要。因为人们对农产品的欣赏是每一时点都有可能。就芒果来说，人们既欣赏开花挂果时的芒果，也欣赏成熟收获时的芒果，还欣赏市场上的芒果、餐桌上的芒果。

农产品设计做到动态与静态相结合，关键在于育种方法的应用，也就是培育相应的作物品种。因为农产品的形态特征，准确地说，从产生、形成到成熟、收获到上市、消费整个过程的形态特征，主要取决于品种。其次在于栽培方法的应用，也就是采取相应的栽培技术。因为农产品的形态特征还取决于栽培。

2. 个体与整体相结合的原则

农产品既是个体，也是群体。一个农产品是个体，若干个农产品是群体。一株菠萝往往仅结一个菠萝果；一株香蕉挂结的是一托香蕉，一托香蕉往往有好几梳香蕉，一梳香蕉往往又有好几条香蕉。

因此，在农产品设计中，必须做到个体与整体相结合。所谓个体，就是单个农产品。所谓群体就是同一植株上所有农产品，或同作物同品种的所有农产品。所谓个体与群体相结合，则是每个农产品不但要做到品质优良、营养丰富、安全卫生、口感适宜和外观美观，而且要做到与同株农产品或同作物同品种农产品在外观上均匀一致，包括大小、轻重、形状、颜色等要素。首届中国农业博览会对优良荔枝外观的评奖标准是：①果穗：每穗 5 个果以上；②果实大小：100 个果（整穗摘下）平均单果重 20 克；③果实大小均匀度：10 个最小果平均单果重小于样品果（100 个）平均单果重

10%以内；④果皮色泽：色泽鲜艳美观，着色均匀，无杂斑、无污染物。无疑，这也可以说是对荔枝设计做到个体与群体相结合的要求。

与动态与静态相结合一样，个体与群体相结合的关键也在于育种方法的应用，其次也在于栽培方法的应用，因为农产品的外观均匀问题实际上也是形态特征问题。

3. 产品与母体相结合的原则

对于未收获或未离开农作物的农产品来说，农产品仅仅是农作物的器官之一，而农作物又栽植于田园之上，因此，就势必存在农产品与作物植株、与田园的关系，也就是存在农产品与母体的关系。对成株作物来说，对成园作物来说，仅农产品美，并不意味着成株作物、成园作物也美，而只有在农产品美的前提下，各个农产品在作物上、在田园里，分布有序，协调统一，形成规律，整株作物才美，整园作物才美，各个农产品也才会在整体美中凸现个体美、产品美。

基于此，在农产品设计中，必须做到产品与母体相结合。所谓产品，就是农产品，就是或籽粒、或果实、或花朵、或叶片、或茎秆、或块根、或畜禽产品、或水产品。所谓母体，就是农产品产生、形成必须依赖的作物植株，以及其所依赖的作物植株生长发育必须依赖的田园。所谓产品与母体相结合，则是不但要做到农产品美，而且要做到美的农产品与作物植株、与田园相协调，形成协调、统一的美的作物植株、美的田园。外观美观的苹果挂结于恰到好处的苹果树上，盆景苹果的造型就形成，景观就凸现，产品与母体相结合则得以表现。

显然，产品与母体相结合除了应用育种方法和栽培方法之外，还要应用修剪的方法，对农产品及植株进行必要的修剪，使农产品在整株作物上、整片田园上有序分布，统一协调，形成规律，也就是不只是考虑农产品的形状、大小和皮色，考虑农产品在整株作物上、整片田园上的有无和多少，还要考虑农产品在整株作物上、整片田园上的位置。荔枝的整形修剪体现了这一点。荔枝整形修剪，去密留疏，除阴留阳，剪弱留强，修病留健，整弯留直，将树冠修剪成半球状。无疑，其主观目的是为了促进和调节营养生长和生殖生长，有利于挂果丰产，但是，在客观上又达到了果树协调、树体美观的效果。

4. 农业与艺术相结合的原则

农产品的设计既不同于栽培，也不同于一般的设计，而必须既考虑农业问题，也考虑艺术问题，或者也可以说，既考虑农产品的产量和质量，也考虑农产品的美感和彰显。

这无不要求在农产品设计中，必须坚持农业与艺术相结合的原则。所谓农业，就是农产品设计必须将农业生产的各种要素（包括园地选择、良种推广、良法采用、栽培管理等）设计进去，使所生产的农产品能够做到产量较高、品质优良、营养丰富、卫生安全、口感适宜，能够满足人们对农产品的物质需求。所谓艺术，就是农产品设计同时还必须将艺术创作的各种要素（包括形状、大小、线条、色彩等）设计进去，使所生产的农产品能够做到外观美观，并能反映内部之品质优良、营养丰富、卫生安全、口感适宜，能够满足人们对农产品的审美需求。所谓农业与艺术相结合，则是农产品设计必须同时将农业生产和艺术创作的各种要素设计进去，使所生产的农产品能够做到产量较高、品质优良、营养丰富、卫生安全、口感适宜和外观美观，既能满足人们对农产品的物质需求，也能满足人们对农产品的审美需求。

坚持农业与艺术相结合的原则，主要应体现在；一是必须把农产品的高产优质放在第一位。即在农产品设计中，当农业与艺术相矛盾时，艺术必须服从农业，农产品的美感和彰显必须服从农产品的产量和质量；或者可以说，农产品的美感和彰显必须有利于农产品的产量提高和质量优化。二是强调农产品的艺术彰显。即在农产品设计中，在考虑农产品的产量提高和质量优化的前提下，还必须考虑农产品的形状、大小、色彩、分布及其与作物植株的协调，以达到艺术设计的效果。三是农产品的艺术彰显必须符号化。即在农产品的设计中，对具体的农产品采用相应的形状、大小、色彩、分布，并使其能够反映相应的文化内涵，这就是农产品艺术彰显的符号化。

第四节　农产品设计的案例与分析

研究的目的全在于应用，理论必须与实践相结合，必须应用到实践中去。在此，选择几则案例加以介绍，并以分析，以期达到这一目的。

一、案例一：圣女果

案例

圣女果，又称小西红柿、珍珠小番茄、樱桃小番茄，国外又称“小金果”、“爱情果”。属被子植物门，双子叶植物纲，菊亚纲，茄科。果实直径约1～3厘米，单果重10～30克，果实以圆球形为主，果色鲜艳，有红、黄、绿等颜色（图4-1、图4-2）。

图4-1

图4-2

圣女果既是蔬菜，又是水果，既可食用，又可观赏，不但色泽艳丽、形态优美，而且味道适口、营养丰富，富含糖分、蛋白质、维生素、矿物质、果胶、胡萝卜素和番茄色素，特别是维生素含量是普通番茄的1.7倍，具有健胃消食、生津止渴、消热凉血、补肾利尿等功能。

圣女果是番茄大家族中成员之一。番茄起源于美洲的安第斯山地带，现遍及美洲、亚洲、大洋洲热带及亚热带地区。印第安人在15世纪末开始种植番茄。18世纪初，番茄传入欧洲，2000年前从欧洲及东南亚传入我国。圣女果是杂交一代小番茄，与普通番茄相比，果型小，大小均，色度足，糖度高，色泽艳，不裂果，口味香，甜度够，耐冷藏，适园栽，宜室植，可观赏，可食用，可作菜，可作果。北京蔬菜研究中心成功地培育了2个高产优质美观的圣女果新品种——京丹1号和京丹2号。

栽培要点：

（1）育苗。均播种子，控制土温在27℃左右，以利发芽，发芽后又降土温至20℃，同时注意通气，以利生长，当第一片真叶长到接近子叶那么大时，开始移到育苗钵，以利于花芽分化。

（2）施肥。总的原则是重施有机肥，少施氮肥，以利于品质提高。一般每亩施腐熟堆厩肥2500千克或人畜粪2000千克或菜饼100千克、复合肥30千克、过磷酸钙50千克作基肥，并通过水分管理来调节长势。采收果时，每采收2～3蓬果实，根据生长势强弱，追施液肥2～3次，但要适量增施钾肥。

（3）定植。田园宜选土层深厚、排水方便、土壤肥沃的。整地施肥后，起畦30厘米，双行植，株距30～45厘米，以利于整枝。定植所用苗一般应第一花序已带蕾。定植后，应控制杂草生长，预防果实腐烂，保持果实清洁，以提高商品价值。

（4）管理。

①浇水。浇水应适度，满足生长需求为度。

②整枝。有限生长型的品种，尽量促其长势，一直在上部留2个强侧枝，使其向上生长，保持叶数和果数的平衡，如生长过弱，可摘除部分花蕾；无限生长型的不要追求早熟，一般单秆整枝。

③摘叶。一般应摘除已采收果穗以下的老叶，以利于通气透光、防止病害、提高品质。

④促进坐果。采用电动振荡器授粉；有的品种在授粉不良的季节栽培，振荡器效果差，可采用喷防落素防止落花落果。

⑤温度控制。保护地栽培，夜温应以不低于9～10℃为佳。温度过低，果色、肉质易变劣。室温25℃，白天就要开始通风换气，以不超过35℃为最理想，下午气温降到20℃以下就关窗。

⑥病虫防治。圣女果抗性较强，若生长健壮，加上通透性好，则几乎无病害，甚至可以实现全生育期无农药栽培。

⑦采收包装。圣女果是高糖度作物，其风味和品质只有在完全成熟时才能充分体现。采收时注意保留萼片，从果柄离层处用手采摘。不过，黄色果在八成熟时采收风味反而更好，因为其果肉充分成熟后容易变劣。包装以硬纸箱为宜，以免压伤。一般500克一个小包装，5000克一个大硬纸箱或硬性塑料盒，箱上留通气孔，并防止水滴，以利运输贮藏。

[本案例（含图片）根据百度百科《圣女果》（http：//baike.baidu.com/view/8564.htm.，2012－08－12）整理]

分析

圣女果是文中引用较多的例子，也的确是比较成功的例子。无疑，圣女果的培育、栽培并不是农业美学指导的结果，更不是农业设计设计的结果，但却是对美的追求的结果，至少是审美潜意识驱动的结果。然而，不管怎么样，圣女果培育、栽培的成功值得农业设计借鉴，更值得农产品设计借鉴。

圣女果的培育、栽培是成功的，主要表现在三方面：一是改变了番茄的外观。圣女果实现了番茄的小化，仅拇指一般大小，比拳头一般大小的番茄小得多，这无不给人们从熟悉、习惯拳头一般大小的番茄中，引发出对拇指一般大小的圣女果的好奇心、新鲜感，从而形成一种美感。圣女果还实现了番茄的色彩多样化，不但果色鲜艳，而且有红、黄绿等颜色，如果说小化能引发人们的好奇心、新鲜感，形成美感的话，那么，色彩多样化更能引发人们的好奇心、新鲜感，形成美感。二是改变了番茄的品质。与普通番茄相比，圣女果糖度高，不裂果，口味香，甜度够，耐冷藏，不但富含普通番茄之营养，而且维生素含量是普通番茄的1.7倍。三是实现了番茄外观与品质的统一。红色圣女果的风味和品质只有在完全成熟时才能充分体现，而黄色圣女果的风味和品质则在八成成熟时就充分体现了。

圣女果首先是培育的成功，其次是栽培的成功。即圣女果的外观和品质首先取决于培育，取决于培育所培育出来的品种——不同于普通番茄的番茄，如京丹1号、京丹2号；其次取决于栽培，取决于不同于普通番茄的栽培技术，如对夜温的要求就不同，要求温度较高，以不低于9～10℃为佳。因此，从农业设计的角度来说，圣女果采用的设计方法是育种方法，配以栽培方法。

二、案例二：串番茄

案例

串番茄，又称穗番茄，与圣女果同门同纲同亚纲同科，同属番茄大家族中成员之一，是一种成串收获上市的新型番茄品种。沈阳农业大学园艺学院于1998年从荷兰引进串番茄品种资源，2002年其“串番茄新品种选育技术研究”被列入国家“863”重大专项研究课题，培育了一批串番茄优良组合，尤以首批育成的8个串番茄组合ST01～ST08较为成功（图4-3）。

图4-3

串番茄的植株能同时承10束果（普通番茄8束以下），果穗呈鱼骨状，果实呈红色，有大、中、小之分，单果重分别为150克以上、80～150克、80克以下，但同品种、同植株的果实大小、形状和颜色均匀一致，排列十分优美，果肉硬、抗裂、耐贮运、货架寿命长，转红后能在果穗上保留15天以上（普通番茄3～5天）而不软化、不裂果，货架寿命20天以上（普通番茄最长10天左右）。

栽培要点：

（1）密度。早熟栽培行株距60厘米×40厘米，亩植2800株左右，留3～4穗花穗后掐尖封顶；长季节栽培行株距70厘米×50厘米，亩植约1900株，留6～8穗花穗后掐尖换头。

（2）留果。单穗留果数视果实轻重、大小而定，单果重 80～100 克或果实直径 4.5～5.5 厘米的留7～8 个；单果重 100～120 克或果实直径 3.5～7 厘米以上的留 6 个；单果重 120 克以上或果实直径 7 厘米以上的留 4～5 个。同时，果实坐穗后，还要及时摘除畸形果和过小的果实。

（3）整枝。叶片能留尽量留，每穗果实下部叶片必须到收获时才可以整掉，以保证有充足的叶片进行光合作用，保障果实营养供给。

（4）肥水。定植前下足基肥，坐果后及时追肥，多施钾肥、钙肥，以防筋腐病和脐腐病发生；淋水宜选择晴天上午，果实膨大期每周 1 次，每 2～3 周则随水追肥 1 次。

（5）坐果。可用 PCPA（对氯苯氧乙酸）蘸花保果，也可用电动振荡器人工辅助授粉，促进坐果。

（6）采收。每穗果的最后一个果实进入转色期后，用剪刀在果穗基部将果穗整穗剪下，套上打有小孔的塑料袋，装入纸箱或塑料箱，即可装载、运输、上市。

［本案例（含图片）根据百度百科《串番茄》（http://baike.baidu.com/view/7674121.htm，2012—03—12）整理］

分析

串番茄和圣女果都属番茄，都是番茄这一大家庭成员。如果说圣女果是通过果实的小化来形成美感的话，那么，串番茄就是通过果实的串化来形成美感了。的确，番茄由拳头一般大小变成拇指一般大小会给人以美感，由单个变成成串也会给人以美感。就这一点来说，在设计上，在农业设计上，串番茄与圣女果的区别仅在串化和小化上，其他并没有什么本质的区别。也的确，它们都是主要通过育种，辅以栽培来实现的。

三、案例三：方形西瓜

案例

方形西瓜，指的是通过模具压制，使外部形状呈现出方形的西瓜（图 4-4、图 4-5）。

图 4-4

图 4-5

方形西瓜，由于模具压制，内部组织密度相对较高，与普通的圆形西瓜、椭圆形西瓜相比，甜度较高，运输方便；而由于外观新颖，则别有美感。

栽培要点：

（1）品种选择。宜选择果型大、果皮厚、抗性强的品种，如西农 8 号、新澄、郑杂 5 号等。

（2）植期安排。春植“单覆盖”栽培，3 月下旬至 4 月上中旬播种，6 月下旬至 7 月上中旬收获；“双覆盖”栽培，3 月上旬播种，6 月上旬收获；大棚栽培，2 月中旬至 3 月初播种，6 月上中旬收获；大棚栽培，2 月中旬至 3 月初播种，5 月中旬至 6 月初收获。

（3）果苗培育。

①营养土配制。用 3 年内未种过瓜的菜园土、腐熟人畜禽粪、草木灰按 7∶1∶2 的比例配制成配合土，再用配合土按每立方米加入 50%的多菌灵可湿性粉剂 100 克、过磷酸钙 3000 克、3%锌硫磷颗粒剂 500 克混合，拌匀，成营养土。

②种子处理。按“晒种 1 天→100 倍甲醛溶液浸种 1 小时→清水洗净种子→常温浸种 6～8 小时，并每隔 3～4 小时搅拌一次→晾干种子→摊放种子在拧干水分的毛巾或纱布上，再盖上一、二层纱布 2～3 天，至 70%～80%种子发芽”的程序，对种子进行处理。

③果苗培育。将营养土装入营养钵，上留 1～1.5 厘米空间，稍压，淋透水，置入发芽种子，盖上营养土，再盖上地膜，扣上拱棚，出苗后除去地膜，晴天通风，晴天上午淋水，保持温度 28～32℃、湿度 75%，定植前 1 周炼苗。

（4）果苗栽培。选择地势较高、灌排方便、背风向阳的田园，三犁三耙，亩施腐熟农家肥 3000 千克、复合肥 25 千克、磷肥 10 千克、腐熟菜籽饼 50 千克作基肥，起畦 3 米宽，单行植，株距 3 米，栽植 2 叶 1 心的幼苗，淋足定根水，施用少量杀菌剂。

（5）田园管理。

①查苗。死的补，差的换。

②追肥。瓜蔓长到 30 厘米时，压蔓前追施结瓜肥，亩施尿素 10 千克、复合肥 5 千克、菜籽饼 50 千克。

③整枝。保留主蔓和主蔓基部生长的健壮侧蔓，也就是二蔓整枝。

④压蔓。一般进行 3～5 次压蔓，瓜坐稳后停止压蔓。

⑤水管。伸蔓期、膨瓜期要促，开花坐果期要控。

⑥留瓜。一般在主蔓上留瓜，具体在 12～20 节上的第 2、3 朵雌花上留瓜；若主蔓不能坐瓜，则在侧蔓上的第 2、3 朵雌花上选留瓜。

⑦上模。模具为长 40 厘米、宽 25 厘米的方形玻璃容器，可调大调小。西瓜长到拳头一般时上模，尔后调节 2～3 次，在模具的作用下，不但变为方形，而且色泽均匀。

⑧收获。西瓜 7 成熟时除模，8 成熟时采摘。

⑨病虫防治。炭疽病、赤霉病、白粉病用甲基托布津、多菌灵防治，枯萎病用消病灵防治，蚜虫用一扫光、敌杀死防治。

[本案例（含图片）根据百度百科《方形西瓜》（http：//baike. baidu. com/view/568921. htm，2012—08—09）整理]

分析

圣女果通过小化彰显美，串番茄通过串化彰显美，方形西瓜通过方化彰显美，它们都是通过外观的改变彰显美。尽管这样，方形西瓜与圣女果和串番茄有着根本的不同，那就是通过物理方法来实现方化，来彰显美；而圣女果和串番茄则是通过育种方法来实现小化、串化，来彰显美。

从案例的描述可知，方形西瓜实现方化的关键有二：一是选择品种。即选择果型大、果皮厚的品种，也就是选择利于压模的品种；二是模具使用。即通过模具的固定、压力，迫使西瓜改变形状，变成模具的形状——方形模具的方形形状。

无疑，方形西瓜的美感是通过西瓜形状的改变，也就是方化来彰显的。方形是相对于圆形和椭圆形来说的，显得特别，显得新奇，从而彰显美感。

四、案例四：长字苹果

案例

苹果贴字，指的是在苹果未成熟时，在苹果的表皮上贴上字帖，通过阳光的作用，使苹果在成熟时长出字来，使普通的食用苹果变成艺术苹果，变成长字苹果（图 4-6、图 4-7）。

图 4-6

图 4-7

目前，苹果贴字技术日趋成熟。河北省深州市辰时村国占农资部研制的苹果美术字贴有喜、福、寿等50余种吉祥字样和八仙过海、金陵十二钗、十二生肖等50余种文化图案。这些贴字使用透气膜和食品胶，对果面无任何不良影响，既没有异味，也没有副作用。

苹果贴字是继套袋栽培之后又一果品增值新技术，每千克长字苹果比普通苹果可多卖0.4～1.6元。

贴字方法：

（1）单层纸袋。指的是套单层纸袋的苹果的贴字。在苹果成熟前7～15天，摘掉纸袋，把字贴贴在苹果的侧阳面，随着果实的成熟，也就是着色，字贴上的字就自然而然地长在苹果上。

（2）双层纸袋。指的则是套双层纸袋的苹果的贴字。阴天时先摘除外袋，尔后经高温光照锻炼3个晴天后，又于阴天或多云天气时摘除内袋；若是晴天，则于温差较小的上午10时至下午4时摘除外袋，过3天，又于同一时间摘除内袋。内袋的摘除，上午为树冠东、北方向的，下午为西、南方向的，以避免或减轻日灼。贴字同上。

（3）塑料膜袋。指的是套塑料膜袋的苹果的贴字。其不需摘袋，在果实开始着色时，直接将字贴贴在膜袋和苹果之间没有间隙的苹果上即可，至于有间隙的则不宜贴字，否则，效果不好。

（4）纸加膜袋。指的则是纸加膜袋的苹果的贴字。其需摘除纸袋，方法同双层纸袋。不过，膜袋不需摘除。摘除纸袋后，贴字方法同塑料膜袋。

［本案例（含图片）根据河北省深州市辰时村国占农资部

《苹果长字字贴》(http：//www.pgzpgz.com，2012－08－28)整理]

分析

长字苹果，其实是在苹果表皮上贴字，通过阳光的作用，使苹果长出字来，长出人们所希望的字来。这样一来，苹果就由食品变成艺术品，准确地说，变成可以食用的艺术品。长字苹果既生产农业物质产品，也生产农业审美产品。这就是为什么长字苹果每千克比普通苹果多卖 0.4～1.6 元的原因了，无疑，这多出的 0.4～1.6 元就是长字苹果的艺术价值、审美价值。

圣女果、串番茄实现美化采用的是育种方法，方形西瓜采用的是物理方法，长字苹果采用的则是化学方法，也就是阳光作用，即通过化学方法，使苹果长出字来，实现美化。

第五章 作物植株设计

作物植株设计，指的则是根据人类的物质需求和审美需求，对作物植株进行设计，使其成为既能生产品质优良、营养丰富、卫生安全、口感适宜和外观美观的农产品，又能通过其根、茎、枝、杈、叶、花、果的协调组合，形成能够引发人们审美情趣、愉悦人们审美心理、满足人们审美需求的审美对象。

第一节　作物植株的内涵与类型

一、作物植株的内涵

这里所研究的作物是广义的，指的是在人类栽培、养殖和管理等手段的运用下，利用自身的生理机能，通过与土壤、气候、水和生物等自然资源的作用，生产能满足人类对淀粉、脂肪、蛋白质等营养需求和甜、酸、苦、辣等品尝需求以及糖料、油料、木料等原料需求，同时满足人类对审美需求的产品的农业动植物。

关于农业动植株的具体所指在第一章中已罗列，这里所研究的作物植株指的就是这些农业动植物的植株或躯体。具体有如下三层含义：

首先，作物植株是农业动植物的植株或躯体。这又包含两层含义：一是作物植株，也就是农业动植物或躯体，包括农业动植物的所有组成部分，也就是包括农业动植物的根、茎、枝、杈、叶、花、果或头、身、脚、尾、毛。水稻植株，包括稻根、稻秆、稻叶、稻穗、稻花、稻谷。猪躯体，也包括猪头、猪身、猪脚、猪尾、猪毛以及其全部内脏。二是作物植株的所有组成部分，也是一个有机联系的整体。水稻植株的稻根、稻秆、稻叶、稻穗、稻花、稻谷有机地联系在一起，形成水稻植株。猪躯体的猪头、猪身、猪脚、猪尾、猪毛以及其全部内脏也有机地联系在一起，形成猪躯体。基于此，独立存在的稻根、稻秆、稻叶、稻穗、稻花、稻谷都只能是水稻植株的组成部分，而不是水稻植株。猪头、猪身、猪脚、猪尾、猪毛以及其全部内脏也一样，只要是独立存在，也只能是猪躯体的组成部分，而不是猪躯体。

其次，作物植株又是能生产满足人类对农产品需求的农业动植物的植株或躯体。即作物植株不但具有农业动植物的所有组成部分，而且能够生产满足人类需求的农产品。

最后，作物植株还是能满足人类审美需求的健美的农业动植物的植株或躯体。作物植株设计所设计的作物植株不但能生产满足人类需求的农产品，而且还应该是健美的，能满足人类的审美需求。“吨糖田”甘蔗的叶倾角基本统一为30度，也可以说是一个有美感的弧度；而一般蔗田甘蔗的叶倾角抑或大于30度，抑或小于30度，抑或不统一，当然也可以说往往没有美感。因此，作为作物植株及设计所设计的甘蔗叶倾角，就应该是30度的叶倾角，而不应该是其他弧度的叶倾角。实践表明，“吨糖田”甘蔗不但叶倾角有美感，植株有美感，而且其亩产糖量达一吨以上，约是一般蔗田的2倍。

二、作物植株的类型

第一章的研究表明，农业动植物可分为5大类型，因此，作为农业动植物的植株或躯体的作物植物也可分为5大类型，具体如下：

1. 农作物植株

农作物植株包括水稻、小麦、高粱、玉米、番薯等粮食作物植株和甘蔗、甜菜、花生、芝麻、油菜子等经济作物植株以及青瓜、南瓜、冬瓜、辣椒、茄子等瓜菜植株。

2. 水果植株

水果植株包括菠萝、香蕉、苹果、荔枝、龙眼等水果植株。

3. 树木和花卉植株

树木和花卉植株包括木麻黄、桉树、榕树、樟树、苦楝树等树木植株和菊花、玫瑰花、茉莉花、水仙花、大红花等花卉植株。

4. 畜禽躯体

畜禽躯体包括猪、牛、羊等牲畜躯体和鸡、鹅、鸭等家禽躯体。

5. 水产品躯体

水产品躯体包括鱼、虾、蟹等水产品躯体。

第二节　作物植株美的形式与特征

就像农产品美以一定的形式来表现，以一定的特征来存在一样，作物植株美也以一定的形式来表现，以一定的特征来存在。

一、作物植株美的形式

农产品是丰富的，作物植株也是丰富的，其美的形式归纳起来有8种。

1. 造型美

造型美，指的是通过作物植株的外部形状，特别是根、茎、枝、杈、叶、花、果的协调、和谐，头、身、脚、尾、毛的协调、和谐来表现美的一种形式。荔枝树冠修剪成枝条向四周均匀分布的半圆头形，目的在于使主枝和侧枝分布均匀，骨架构造坚固，为早结丰产创造物质基础，但在客观上无不给人造型美观的感觉。南德文牛体型高大，体态健美，与一般的黄牛相比，其造型也无不给人以美的感觉。

2. 叶片美

叶片美，指的则是通过作物叶片的形状、姿势、大小和颜色来表现美的一种形式。高产的水稻大多剑叶长而直，不但能充分利用阳光，进行光合作用，形成营养物质，而且在形状上、姿势上给人以美感。上面提到的“吨糖田”的甘蔗叶倾角一般30度，不但能像高产水稻的剑叶一样，充分利用阳光，进行光合作用，形成营养物质，加上从总体上呈30度，自然美感效果较好。

3. 花朵美

花朵是作物植株中根、茎、枝、杈、叶、花、果中最美的器官、最美的部分。不同作物、不同品种花朵的形状、姿势、大小和颜色不同，从而构成千姿百态的花朵美。这就是作物植株美的形式之一——花朵美。荔枝的花穗呈复总状圆锥花序，由花轴上着生侧穗、支穗和小穗组成，每个小穗有3朵花。但是，三月红、妃子笑、大造、黑叶、桂味等品种花穗较长，达28厘米以上；淮枝、糯米糍、番荔、兰竹等品种花穗较短，一般23厘米以下。同时，荔枝的花朵往往由于雌雄器官发育程度不同而形成形状不同的雌花、雄花、不完全雌蕊雄花、两性花和变态花。这就是不同荔枝品种和同一荔枝品种花朵的不同。它们的差异，的确能给人以美的品读。

4. 果实美

通过作物果实的形状、大小、图案和颜色来表现美，则是作物植株美的另一形式——果实美。多彩玉米五光十色，与常规玉米相比，要美得多。西瓜多为圆形或椭圆形，方形西瓜就在形状上给人以新鲜感、美感。

5. 大小美

所谓大小美，就是通过作物植株的高矮、大小来表现美的一种形式。传统的荔枝、龙眼，其树体都很高大，一般高十米、八米，树冠也有十米、八米宽，但矮化嫁接荔枝、龙眼，其树体却小得多，一般仅2～3米高，树冠也仅2～3米宽。这就自然在高矮、大小上给人以视觉上的差异，从而形成一种新鲜的感觉。

6. 盆景美

所谓盆景美，就是通过作物植株的盆景化，也就是用花盆来栽植作物，并使其富有艺术造型，从而表现美的一种形式。北京市农业技术推广站采用品种选择、嫁接、整枝、搭架及药剂处理等技术，开发出具有拱形、小树形、螺旋形等造型的矮生樱桃番茄、藤三七、落葵、羽衣甘蓝、观赏茄、叶牡丹等15种盆景蔬菜。这些盆景既具有蔬菜的生产性，又具有盆景的艺术性，无不成为既供人们消费、又供人们欣赏的对象。

7. 组合美

显然，通过作物植株根、茎、枝、杈、叶、花、果间的不同组合，通过作物植株间的不同组合，以及通过不同作物及其品种间的不同组合，都可以形成不同形式的美。这就是作物植株的组合美。北京市农业技术推广站通过设计，将不同蔬菜品种组合成蔬菜迷宫。在北京市丰台区南宫世界地热博览园，将160多种奇特的瓜果蔬菜组成400多米长的曲径通道，配以24种竹艺廊架等造型，形成“一步一景、步步景观风格迥异”的智能型趣味迷宫。在北京市大兴区自然绿种植中心，将老鼠瓜、蛇豆等80多种珍稀蔬菜，通过竹木和钢管等材料，加上配置文化典故和趣味知识展板，组合成休闲型趣味迷宫。在北京市顺义区农科所试验基地，将近百个蔬菜品种，通过色彩搭配、嫁接技术、基质盆栽、艺术造型等措施，组成以奥运五环为主题的科普型迷宫。这些蔬菜迷宫既能体现蔬菜的组合美，又能体现迷宫的文化韵味。

8. 文化美

通过对作物植株赋予相应的文化内涵，可以使其具备相应的文化韵味。这则是作物植株的文化美。上面提到的智能型趣味迷宫富有文化韵味，到处透现着文化美。迷宫中间最高处设一竹艺凉亭，可环顾四方，寓意："放眼世界"；入口种植苦瓜，出口种植甜瓜，寓意："先苦后甜"；采用地栽、盆栽、上架爬蔓三种种植方式，形成低、中、高三个层次，寓意："步步登高"；东、西、南、北方向分别种冬瓜、西瓜、南瓜、北瓜，寓意："东西南北"；种植分别具有香、甜、苦、辣、腥味道的香椿、甜瓜、苦瓜、辣椒、鱼腥草，寓意："五味俱全"；种植分别呈扁圆形、长形、纺锤形、弯曲长形、垂直长形和长柱形的南瓜、蛇瓜、苦瓜、丝瓜、瓠瓜、砍瓜，寓意："千奇百怪"；种植分别呈赤、橙、黄、绿、青、白、紫颜色的红梗叶恭菜、橙色彩椒、黄色番茄、绿茄、苤蓝、白梗叶恭菜，寓意："丰富多彩"。在这样的迷宫中游玩，不但可以欣赏蔬菜美，而且可以感受文化美。

二、作物植株美的特征

也像农产品美一样，作物植株美既具有农业美的共同特征，也具有其本身固有的特征。

1. 植株性

植株性，指的是作物植株美以农业动植物的植株或躯体作为存在和表现的载体的特性。

所谓作物植株美，其实就是依附于作物植株之上的美，也就是依附于农业动植物的植株或躯体之上的美，具体就是依附于农业动植物的根、茎、枝、杈、叶、花、果或头、身、脚、尾、毛之上的美，因此，无不以农业动植物的植株或躯体作为存在和表现的载体。苹果盆景美就是以栽植于盆景之上的苹果树为载体的，这一载体包括苹果树的根、茎、枝、杈、叶、花、果。缺少了任何一部分，都不能充分地表现其植株，更不能充分地表现其植株美。

农产品美以农业动植物的器官为载体，准确地说，以作物植株的某一器官为载体。尽管作物植株的所有器官都可能作为农产品，但作为农产品美所依附的载体只能是某一器官，抑或籽粒，抑或果实，抑或花朵，抑或叶片，抑或茎秆，抑或块根。苹果美所依附的载体是苹果，苹果是苹果树上的果实，并仅仅是果实，而不是全部。

田园美则以田园为载体，准确地说，以包括作物植株在内的田园为载体，不过，这时的作物植株不是以其本身的形状、大小、叶片或果实来展现美，而是通过与田园，与包括沟渠、道路、林带、房屋、机井、水池和棚架等田园设施在内的田园构成和谐的统一体来展现美，来展现田园美。苹果田园风光就属于田园美。

盆景美也主要通过植株的艺术造型来展现美。问题是，一般盆景中的植株是一般植物的植株，是不追求农产品的有无和多少的植物的植株，即使其植株也采用与农作物同种类同品种的植株也是这样。如当其采用苹果树时，这时的苹果树就不再追求苹果的有无和多少，而仅追求苹果树的艺术造型，即使追求，也仅仅从艺术的角度追求，追求其的点缀作用。

2. 依赖性

依赖性，指的则是作物植株美的存在和表现必须依赖于田园的特性。

作物植株是有生命的，以生命的形式存在和发展，因此，必须借以相应、必要的作物植株生长发育之所需，包括营养和水分，以及固定的土壤，这就是田园。至于盆景植株所依赖的，则是盆景化的田园。

农产品虽然也有依赖性，但是，却是作为农业动植物的组成部分时才具有，依赖于农业动植物，依赖于农业动植物所赖以生存和发展的田园。当其离开农业动植物时，离开田园时，离开农业动植物时，却可以独立存在。苹果就是这样，未采摘时，未离开苹果树时，依赖于苹果树，依赖苹果树及其赖以生存和发展的田园提供养分和水分，来存在和发育，来展现苹果美；采摘后，离开苹果树后，就不再依赖于苹果树，不再依赖苹果树及其赖以生存和发展的田园来存在，来表现苹果美。

田园存在于自然之中，并往往与周围环境构成和谐的统一体，但并不依赖于自然。田园中的作物、土壤、沟渠、道路、林带、房屋、机井、水池、棚架、电网等并不依赖周围环境，即可独立存在。上文经常提到的大地艺术景观“I love you”就能独立地表现田园美。

园林美和盆景美也是依附于植物植株之上，依附于有生命的植物植株之上，因此，其也有依赖性。

至于依附于没有生命的建筑之上的建筑美、纸张之上的书画美就没有依赖性了，建筑美完全通过凝固的音乐——建筑物——来存在和表现，书画美则完全通过纸张之上的线条和色彩的组合来存在和表现。

3. 整体性

作物植株美往往由若干株作物植株形成一个整体来存在和表现的特性，就是作物植株美的整体性。

尽管作物植株也能以单株、盆景的方式出现和存在，但是，更多的、更主要的却是种植在田园里、大地上，以成亩、成10亩、成100亩、成1000亩、成10000亩、甚至更大面积的方式出现和存在，也就是以整体的方式出现和存在。“绿油油的稻田”、“菠萝的海”等词语既是文学的描述，更是作物植株以整体的方式出现和存在的客观反映。因此，作物植株往往以整体的形式来存在和表现美。

相反，尽管农产品也能以整体的方式出现和存在，但是，更多的、更主要的却是以单个的方式出现和存在，特别是当其离开作物植株、离开田园之后更是这样，即农产品往往以单个的形式来存在和表现美。

田园的整体性更强，田块总是相连的，即使有意识地用某一块田园来打造景观，其景观的背景仍是整个田园，或者可以说，这一田园景观仍然需要整个田园来衬托，即使在主观上不是这样，在客观上也是这样。因此，可以说，在农业美中，作物植株美的整体性是相对农产品美来说的。

不过，相对非农业美的其他形式美来说，作物植株美的整体性却是明显的。建筑美可以建筑群来存在和表现，但更多的、更主要的却是以单个建筑来存在和表现；书画美尽管可以通过书画廊来存在和表现，但其美的落脚点却往往还是在一幅幅的书画中。

4. 健美性

在作物植株设计中，作物植株不但要做到根、茎、枝、杈、叶、花、果或头、身、脚、尾、毛的协调统一、造型美观，而且要做到有利于品质优良、营养丰富、卫生安全、口感适宜和外观美观的农产品的生产，这就是作物植株美的健美性。

作物植株设计所设计的是作物，是作物的植株，因此，在设计中，就必须在考虑其根、茎、枝、杈、叶、花、果或头、身、脚、尾、毛的协调统一的同时，还必须考虑其对农产品的生产。甚至可以说，通过其根、茎、枝、杈、叶、花、果或头、身、脚、尾、毛的协调统一，实现品质优良、营养丰富、卫生安全、口感适宜和外观美观农产品的生产。上面提到的荔枝树的修剪就是这样。否则，就不是作物植株设计，而是植物设计，是植物植株设计，就失去了作物植株设计的意义了。

作物植株美的健美性是作物植株美所独有的，其他任何形式都不具有，农产品美、田园美没有，建筑美、书画美也没有，园林美、盆景美同样没有。园林美、盆景美也强调植株的造型，强调植株的造型美，有时也强调果实的多少和有无，但所强调的果实并不是作物植株美所强调的果实，并不是品质优良、营养丰富、卫生安全、口感适宜和外观美观的农产品，而仅仅是艺术需要的果实。年橘往往果实累累，甚至以果实的多少来彰显价值，彰显美，但果实却往往是酸的，因此，年橘美是盆景美，而不是作物植株美。

第三节 作物植株设计的方法与原则

作物是栽培驯化的植物，畜禽是养殖驯化的动物，都是人类行为的结果，因此，作物植株是完全可以人为控制的，使其实现人类所期望的目标，也就是实现作物植株美，实现造型美、叶片美、花朵美、果实美、大小美、盆景美、组合美和文化美。

一、作物植株设计的方法

作物植株设计的实质，就是作物植株的人为控制；作物植株人为控制的技术，则是作物植株设计的方法。笔者认为，作物植株设计的方法有如下10种。

1. 物理方法

就像农产品设计一样，作物植株设计中也有物理方法，指的是利用外力，改变作物植株的形状，使其变成人们所期望的形状，成为人们的审美对象的设计方法。在雷州半岛，有一台湾老板，承包土地种植木瓜。他种植的木瓜采用双行植。木瓜小时，用竹片将木瓜头部向外稍压弯，待木瓜长大时，便形成两两对称、头部向外稍弯的姿势。这样做的目的，主要是为了增强木瓜的抗风能力，因为雷州半岛三面环海，台风频繁。但是，在客观上，这样做的结果，无不在造型上增强木瓜的美感。显然，从设计上来说，这一方法就是物理方法了。

2. 修剪方法

根据人们的审美需求，利用剪刀等工具，对作物植株的茎、枝、杈、叶进行剪裁、修理，使其具备相应的形状的设计方法，就叫做修剪方法。上面提到的荔枝树冠的修剪，尽管主观上是生产上的修剪，但是，在客观上其实就是修剪方法在荔枝树设计上的现实应用了，就是艺术上的设计了。

3. 工艺方法

农历九月九是重阳节，是老人登高的日子，也是热带地区做“苞萝草”的最佳时间。“苞萝”是俗称，指的是木菠萝。做“苞萝草”也是俗语，指的则是用刀砍木菠萝主秆的树皮。实践表明，这样木菠萝才既开花，也挂果，才硕果累累。可以想象，当砍木菠萝主秆树皮的刀法讲究，强调艺术，就可达到既促使木菠萝开花挂果的目的，又使木菠萝树成为审美对象。显然，做到了这一点，就是作物植株美的工艺设计方法。也显然，农产品美的工艺设计方法的运用仅限于农产品之上，而作物植物美的工艺设计方法的运用则可在作物植株的所有部位之上，当然包括农产品之上。木菠萝是这样，橡胶的割胶、荔枝的环割等也是这样。

4. 化学方法

在农产品设计中，运用到化学方法；在作物植株设计中，同样运用到化学方法。不过，在农产品设计中，运用化学方法，仅仅是使农产品的外表出现人们所期望的文字或图案，成为人们的审美对象；而在作物植株设计中，则是通过化学反应，使作物植株中的茎、枝、杈、叶、花、果的外表，出现人们所期望的文字或图案，成为人们的审美对象。

5. 育种方法

作物植株及其造型、叶片、花朵、果实、大小主要取决于品种，或者可以说，有什么样的品种，就基本上有什么样的作物植株，有什么样的作物植株的造型、叶片、花朵、果实、大小。上面提到的红梗叶恭菜和白梗叶恭菜，就是同一作物的不同品种。黄色番茄和绿茄也是同一作物不同颜色的两种品种。它们都是用育种方法培育出来的品种。可见，采用育种方法，可以培育出、设计出不同的作物植株，包括可以成为审美对象的作物植株；结合农产品设计来说，其情形与物理方法、工艺方法和化学方法一样。

6. 栽培方法

作物植株的形态特征取决于品种，但长相、长势则取决于栽培，至于作物的株行距则更是栽培问题。甘蔗采用“双行狗脚迹”的种植规格不但达到密植的目的，又使甘蔗能够合理地利用空间。甘蔗大行距由 90 厘米扩大到 110～120 厘米，使甘蔗高大成为可能，更使甘蔗由亩产 4～5 吨提高到亩产 7～10 吨成为可能，也就是使甘蔗实现亩产“吨糖”成为可能。多施钾肥，有利于作物的生殖生长，有利于作物的扬花挂果。这些其实就是通过栽培，改变作物植株的长相、长势，改变作物的株行距。显然，当这一方法在人们意识的支配下达到美学效果的时候，就是栽培设计方法了。

栽培方法既用于农产品设计，也用于作物植株设计。不过，在农产品设计中，栽培方法仅设计农产品；而在作物植株设计中，栽培方法不仅设计包括农产品在内的所有作物植株，而且设计作物植株的群体。

7. 装饰方法

12 月 25 日是圣诞节。每到圣诞节，我们都会看到圣诞树和圣诞老人。在圣诞树上，总是挂满彩灯和红包，准确地说，总是挂满用来装饰的彩灯和红包。可以想象，当作物植株也挂着相应的恰当的饰物的时候，作物植株也会充满美感和文化气息。这时，在客观上，就是装饰设计方法在作物植株上的运用了。事实上，现在种植的香蕉，几乎都用套袋来套着蕉蕾，目的主要是防止阳光的过度照射、低温的伤害和害虫的侵袭等，但在客观上，当套袋设计讲究而又统一时，便会起到装饰的作用了，就会与香蕉林一起构成审美对象了。这时，套袋自然同时又是饰物了。

8. 园艺方法

园林中的树木、花草是植物，作物也是植物；园林中的树木、花草通过园艺处理能够形成景观、形成审美对象；作物通过园艺处理也能够形成景观、形成审美对象。通过园艺处理作物植株形成景观、形成审美对象的设计方法，就是园艺方法。在实践上，园艺方法已经有应用。上面提到的盆景蔬菜和蔬菜文化迷宫就是用园艺方法设计出来的作物植株景观。

9. 文化方法

所谓文化方法，就是在作物植株设计中，对作物植株及其构成赋予相应而又恰如其分的文化内涵，使作物植株及其构成具有相应的文化韵味，成为人们的审美对象。上面提到的智能型趣味迷宫就是根据人们日常最常见的文化，设计出来的蔬菜文化迷宫。“先苦后甜”、“东西南北”、“五味俱全”、“千奇百怪”和“丰富多彩”等文化含义是设计者对作物植株的赋予，而“放眼世界”和“步步登高”等文化含义则是设计者对作物植株构成的赋予。

10. 借景方法

所谓借景方法，就是借助田园及其周围的自然环境，来表现作物植株美的设计方法。作物总是种植在田园之中，种植在自然之中，因此，无不与田园、与周围的自然环境形成一个整体。显然，这一整体各构成部分只有协调、和谐、统一才美，否则，再美的作物植株也会逊色，甚至显得别扭，就像将一顶秀美的童帽戴在成人的头顶一样。无疑，关键在于使作物植株与田园及其周围的自然环境协调、和谐、统一。哈尼族的梯田种上水稻，远远望去，水稻与梯田融为一体，也与周围的自然环境融为一体，就像绿色地毯拾级而上。

由上面的研究可知，在农产品设计中也有借景方法。显然，农产品设计的借景方法与作物植株设计的借景方法的主要区别在于：农产品设计还借作物植株之“景”来表现农产品美。

二、作物植株设计的原则

上面的研究表明，作物植株人为控制的技术，是作物植株设计的方法。那么，作物植株人为控制应朝着什么方向进行，则是作物植株设计必须考虑的问题。这其实就是作物植株设计必须遵循的原则。作物植株是农产品生产的载体，因此，作物植株设计必须考虑围绕这一要素来进行。这既是作物植株设计必须遵循的原则，也就是作物植株设计有别于其他设计的地方。

1. 生命性与符号性相结合的原则

作为设计的对象，作物植株是有生命的，不像建筑物和雕像等物体是没有生命的。由于生命的存在，作物植株总是在不断的生长发育之中，根系在延伸，茎秆在拔高，枝杈在抽发，叶片在伸展，花朵在吐艳，果实在成熟。水稻在其生命周期中，一般经过萌发期、幼苗期、分蘖期、封行期、抽穗扬花期、灌浆期和成熟期；即水稻在其生命周期中一直在运动，不断在变化。

而某种意义可以说，设计是一种符号的运用，即将设计的对象变成某种符号，变成某种具有抽象性、艺术性、特定性的符号。最典型的要数商标设计，可以说没有一个相同，也就是没有两个完全相同的商标；或者可以说，一种商标仅代表一种产品。即使都是菠萝，都是巴厘菠萝，只要是不同企业生产的，都会用上不同的商标，也就是设计不同的商标。

基于此，作物植株设计很有必要做到生命性与符号性相结合。所谓生命性，就是作物植株设计必须有利于作物的生长发育，有利于作物的根系延伸、茎秆拔高、枝杈抽发、叶片伸展、花朵吐艳、果实成熟。所谓符号性，就是作物植株设计必须做到使作物植株具有固有的美的形式，也就是有别于其他作物植株的美的形式，并使这一固有的美的形式具有抽象性、艺术性、特定性。所谓生命性与符号性相结合，则是作物植株设计在确保有利于作物生长发育的基础上，做到作物植株具有固有的美的形式，并使这一固有的美的形式伴随作物的整个生育周期，也就是从萌芽、伸根到长茎、发叶，再到开花、挂果的全过程，或者可以说，这一固有的美的形式由各个生育期的美的形式组成，准确地说，各个生育期的美的形式都包含至少一个统一的符号要素。例如，在水稻植株设计中，可以设计“健美”这一符号，并使这一符号贯穿于水稻的秧苗期、分蘖期、封行期、抽穗扬花期、灌浆期和成熟期，而健美的秧苗、健美的分蘖和健美的稻株正好是水稻高产的长相。

显然，作物植株设计要做到生命性与符号性相结合，关键在于符号的选择和制作。所选择和制作的符号必须既能充分地表现作物植株美，又能极大地有利于作物植株的生长发育，有利于作物植株生产农产品。上面提到的荔枝树冠修剪就极好地做到了这一点。事实上，荔枝树冠可修成许多种形状，或者可以说，可以许多种形状来作为荔枝植株的符号，如长方体、正方体、圆锥体等几何形状，又如猪、牛、羊等牲畜形状，再如鸡、鹅、鸭等家禽形状。然而，这些形状都不利于荔枝的生长发育、开花挂果。而将其修剪成半圆球形，或者可以说，用半圆球形作为荔枝植株的符号，不但美感最好，而且十分有利荔枝的生长发育、特别是开花挂果。

2. 局部性与整体性相结合的原则

作物植株的根、茎、枝、杈、叶、花、果相对于整株植株来说是局部；作物的每一株植株相对于整块田园、整片田园的植株来说也是局部；作物植株相对于田园来说还是局部；田园作物植株相对于周围环境来说仍然是局部。

这样，在作物植株设计中就自然存在局部性与整体性相结合。所谓局部性，就是以上各个局部不但有利于作物的生长发育，而且具有审美性。所谓整体性，就是以上各个局部必须协调、和谐、统一，不但从总体上有利于作物的生长发育，而且从总体上具有审美性。所谓局部性与整体性相结合，则是所做的设计不但从局部上有利于作物的生长发育，并具有审美性，而且从总体上有利于作物的生长发育，并具有审美性。“吨糖田”甘蔗植株大行采用 110～120 厘米的规格，可使每株甘蔗充分地利用阳光、空气和肥水，健康成长，长成植株高大、叶倾角为 30 度、含糖分较多的甘蔗植株，从而实现亩产甘蔗 7～10 吨以上、亩产蔗糖 1 吨以上，并形成美丽的蔗田风光。在主观上，这是甘蔗生产；在客观上，这却是甘蔗植株设计；在理论上，这是局部性与整体性的统一；在实践上，这应是作物植株设计所借鉴的。

这无不表明，作物植株设计做到局部性与整体性相统一，关键在于局部的充分张扬和整体的协调统一。所谓局部的充分张扬，就是局部空间占有合理，即局部所占有的空间既能使其充分存在和表现，又不显得多余。所谓整体的协调统一，则是局部与局部之间，局部与整体之间是互依互促的关系，即此局部的存在、发展和张扬依赖于彼局部的存在、发展和张扬，局部的存在、发展和张扬也依赖于整体的存在、发展和张扬。栽培上的合理密植就是这一原则在实践上的诠释。它既使每一作物植株拥有充分的生长发育空间，又使单位面积上的作物植株数量实现最大，从而确保单位面积作物产量最高。

3. 生产性与审美性相结合的原则

农作物是植物，园林中的树木和花草也是植物，但作为农作物的植物还要肩负着生产农产品，也就是生产粮食、油料和糖料等农产品的任务，而作为园林中的树木和花草的植物则没有这一任务。

牲畜、家禽和水禽是动物，公园中的禽兽也是动物，但作为牲畜、家禽和水禽还要肩负着生产肉类，也就是生产猪肉、牛肉、羊肉、鸡肉、鹅肉、鸭肉和鱼肉等肉类的任务，而作为公园中的禽兽则没有这一任务。

基于此，在作物植株设计中，必须坚持生产性与审美性相结合的原则。所谓生产性，就是作物植株必须具备生产农产品的能力，也就是必须具备生产粮食、油料和糖料等农产品的能力。所谓审美性，就是作物植株必须在造型上、叶片上、花朵上、果实上、大小上成为审美对象，甚至与田园、与周围环境有机地组合在一起，形成协调、统一、和谐的田园景观、大地景观。

坚持生产性与审美性相结合的原则，最为有意义的一点就是在作物植株设计中，通过作物植株的美化，实现农产品生产能力的提高。这是作物植株设计的难点，也是作物植株设计的归宿。显然，要做到这一点，关键在于作物植株美的形式与生产能力的有机统一，也就是美的形式正好是生产能力提高的外在表现。事实上，在实践上已有不少成功的例子。上面提到的荔枝树冠修剪就是其中之一。将荔枝树冠修剪成半圆球形，修剪成最美的形状，使得荔枝树能够借以美的存在和表现的形式，实现枝杈分布均匀，叶片分布均匀，花果分布均匀，从而使植株、使枝杈、使叶片、使花果能够在充分、均匀的温、光、水、气、热的作用下健康成长，最终实现果实累累、丰产丰收。

第四节　作物植株设计的案例与分析

在第四章，选择几个案例介绍、分析了农产品设计，在此，选择2个案例介绍、分析作物植株设计。

一、案例一：苹果盆景

案例

苹果盆景，就是用苹果制作而成的盆景，准确地说，将苹果树栽植在花盆上，通过养护，实现苹果树的开花挂果和艺术造型的统一，形成的具有生产性、艺术性、审美性的盆景（图 5-1、图 5-2、图 5-3、图 5-4）。

图 5-1

图 5-2

图 5-3

图 5-4

苹果盆景，首先是作物，是生产苹果的作物，是生产苹果的作物的栽培，是生产苹果的作物在花盆上的栽培。一般地，栽培2～3年可结果，树龄4～5年的每株结果15～25个。就这一点来说，它与田园苹果并没有什么区别，都是为了生产苹果而栽培。如果说到区别，那就是，苹果盆景栽培在花盆上，田园苹果栽培在田园上；苹果盆景生长发育所依赖的土壤盛装在花盆里，田园苹果生长发育所依赖的土壤存在在田园中。

苹果盆景，是用来装饰的盆景，是用来观赏的盆景。图5-1、图5-2、图5-3、图5-4是各种造型的苹果盆景。就这一点来说，它与一般盆景也没有什么区别，都是讲究造型的盆景，都是用来装饰的盆景，都是用来观赏的盆景。说到区别，苹果盆景强调苹果的有无和多少，一般盆景强调果实的位置和装饰；苹果盆景既强调苹果的品质，也强调苹果的外观，一般盆景仅强调果实的外观，不强调果实的品质。

由于具有生产性、艺术性和审美性，苹果盆景逐渐走进房屋，走进阳台，走进客厅，走进茶具，走进台柜，取代其他盆景，成为人们的审美对象和品尝对象，满足着人们的审美情趣和苹果需求。

制作与养护要点：

(1) 选盆。器具可根据需要来选，可大、可小，可高、可矮，可瓦、可木，但最好是口径40厘米、底径35厘米、高30厘米，且造型美观的瓦盆。不过，不管是哪一种器具，底部都应有排水孔，以利淋洒，以免积水。

（2）配制营养土。用肥沃熟土、河沙、腐熟羊粪、沤烂树叶及马掌发酵肥，按6∶2∶1∶1的比例，混合，拌匀，过筛，即成营养土。

（3）上盆。4月上中旬，选择健壮苗木，剪除坏死根，用石硫合剂浸根消毒，先于盆底装入少量营养土，再置入苗木，摆匀根系，埋土踏实，浇水定植。

（4）施肥。萌芽前后，施0.2%速效性氮肥1次；5月后，每10天左右主施200倍有机饼肥、配施尿素、二铵、硫铵等各0.2%的无机液肥1次；果实膨大期，叶面喷施0.3%～0.5%尿素、3%～5%草木灰浸出液；秋梢旺长、果实接近成熟期，每15天左右追施200倍有机液肥1次；新梢停长、果实成熟期，每10天左右酌情主施200倍有机肥、配施0.2%无机氮肥1次。

（5）淋水。萌芽期、花期、果实膨大期要补水，花芽分化期要控水，7～8月雨季要节水，保持土壤干透浇透。

（6）修剪整形。以造型美观和结果丰硕为目标。树龄达1年时起开始控制树冠，塑造形状。摘心，可促主干；扭梢，可防徒长；摘心、扭梢、刻伤、环剥，可培养结果枝，可促成花芽。

（7）花果管理。

①人工授粉：在开花前2～3天从物候期相近的授粉品种苹果园采集花粉，在盛花初期花朵开花的当天上午授粉，以提高坐果率。

②喷硼：花期用0.25%的硼砂喷洒，以进一步

提高坐果率。

③套袋：生理落果后进行果实套袋，以提高品质，防止病虫为害；果实成熟前 15～30 天摘袋，以利于果实着色。

④着色：果实摘袋后经常转动果盆，以利于果实全面着色。

⑤贴字：果实摘袋后，在果实向阳面贴上“福”、“禄”、“寿”等字样或其他图案，待果实成熟后揭去贴纸，果实就会长出字来，成为长字苹果，成为富含文化韵味的苹果。

⑥病虫害防治：盆景苹果管理到位，生长健壮，很少发生病虫为害。若发生，则应及时摘除病枝、病叶、病果，刮除病斑，捕捉害虫。严重时，落花后喷洒多菌灵、托布津、百菌清等杀菌剂 1～2 次，防治果实和叶片病害；4～5 月喷洒以菊酯类为主的杀虫剂 2 次，防治蚜虫、卷叶虫等害虫；6～7 月喷洒灭扫利、天王星等杀虫、杀螨剂 1～2 次，防治红蜘蛛、桃小食心虫；7～8 月喷洒多菌灵、托布津、波尔多液等杀菌剂，防治早期落叶病、轮纹病、炭疽病。

(8) 果实护理。果实成熟前 25～40 天，每 10 天喷洒果实和涂抹果柄 $30\times10^{-6}\sim50\times10^{-6}$ □乙酸 2 次，果实成熟前继续喷洒果实和涂抹果柄 $30\times10^{-6}\sim50\times10^{-6}$ □乙酸，以护理果实，延长观赏期。

(9) 换土。每年冬季休眠前或春季发芽前，连同苹果树一起，将盆土倒出，用利刀削去旧土和坏死、多余根系，洗净树盆，换上新土，重植果树，压实土壤，浇水定根，以改善营养条件，有利于果树健壮。

［本案例（含图片）根据厦门禹铬竹柳苗木专业合作社《苹果盆景制作与养护》（http://www.312green.com/information/detail.php?topic_id=108924，2010－09－11）和百度图片《苹果盆景》（http://image.baidu.com/i?tn=baiduimage&ct=201326592&lm=－1&cl=2&fr=ala1&word=%C6%BB%B9%FB%C5%E8%BE%B0，2012－08－28）综合整理］

分析

在农产品设计一章中提得较多的是圣女果，在作物植株设计一章中提得较多的是苹果盆景。如果说圣女果很好地诠注了农产品设计，那么，苹果盆景却很好地诠注了作物植株设计。

作物植株设计的关键是实现生产性和审美性的统一。苹果盆景做到了这一点。树龄4～5年的苹果盆景可结果15～25个，可算是果实累累了，可称得上生产能力较强了。苹果盆景通过植株的艺术造型，加上造型美观的花盆的运用，达到了一般盆景的艺术效果，可观赏，可品读，可装饰。

从案例的描述可知，苹果盆景的制作采用了综合的方法，即以栽培方法为主，辅以修剪方法，化学方法和园艺方法。

二、案例二：蔬菜迷宫

案例

迷宫是一种传统的休闲游乐设施，最早出现在古代希腊，已有5000多年的历史。北京市农业技术推广站的农科人员，经过3年的试验探索，成功地研究设计出以蔬菜为隔墙材料的迷宫——蔬菜迷宫及其配套栽培技术，赋予迷宫以新的内涵、新的形式，从而使这一古老的休闲游乐形式焕发出新的创意、新的活力，成为观光休闲农业的一朵奇葩（图5-5、图5-6）。

图5-5

图5-6

北京市农业技术推广站的农科人员研究设计的蔬菜迷宫有3个。一个是智能型趣味迷宫，位于丰台区南宫世界地热博览园，其特点是在智能温室中建造迷宫，蔬菜生长期长，适宜周年观赏，以“一步一景、步步景观风格迥异”来彰显趣味；一个是休闲型趣味迷宫，位于大兴区自然绿种植中心，其特点是通过文化典故和趣味知识的融合，竹艺凉亭的配置，供游人观赏、品读、休憩，特别适合老年人和病人；一个是科普型迷宫，位于顺义区农科所试验基地，以奥运五环为主题，以绿色奥运、科技奥运、人文奥运为形式，以蔬菜新品种和新技术展示为内容，特别适合青少年。

在3个蔬菜迷宫中，最为成功的要数智能型趣味迷宫。该迷宫占地3400平方米，由160多种奇特的蔬菜组成400多米长的曲径通道，配合以24种竹艺廊架等造型，形成7种特色景观：

一亭：中间最高处设一竹艺凉亭，可供游人小憩，环顾四方，寓意："放眼世界"。

二门：入口种苦瓜，出口种甜瓜，寓意："先苦后甜"。

三个层次：采用地栽、盆栽、上架爬蔓3种种植方式，种植不同作物，形成低、中、高3种层次，寓意："步步登高"。

四个方位：分别在东面、南面、西面、北面种植冬瓜、南瓜、西瓜、北瓜，寓意："东西南北"。

五种味道：种植味道分别为香、甜、苦、辣、腥的香椿、甜瓜、苦瓜、辣椒、鱼腥草，寓意："五味俱全"。

六种瓜型：种植形状分别呈扁圆形、长形、纺锤形、弯曲长形、垂直长形和长柱形的南瓜、蛇瓜、苦瓜、丝瓜、瓠瓜和砍瓜，寓意："千奇百怪"。

七种颜色：种植颜色分别为赤、橙、黄、绿、青、白、紫的红梗叶菾菜、橙色彩椒、黄色番茄、绿茄、苤蓝、白梗叶菾菜，寓意："丰富多彩"。

配套栽培要点：

(1) 选择品种。应选择新、奇、珍、稀品种，可选择彩色甜椒、矮生番茄和樱桃番茄等果实观赏类蔬菜，选择红梗叶菾菜、黄梗叶菾菜和白梗叶菾菜等彩色叶类蔬菜，选择花叶生菜、香芹和藤三七等绿叶保健类蔬菜，选择球茎茴香、樱桃萝卜和水果型茎蓝等特色根茎类蔬菜。

（2）调节植期。以统一开花结果为原则。以统一在节假日、特别是旅游旺季开花结果为目标，根据蔬菜生长发育期、特别是开花结果期来安排播种育苗期和定植期，以及根据蔬菜结果持续期来安排新老茬更替。例如，串番茄育苗期40～50天，定植后70天第一穗果开始变色，即从播种到基部果实变色需110～120天；而迷你黄瓜育苗期30天，定植后需30天才能开始观赏果实，从播种到开始能观赏果实需60天左右。如果计划在5月1日开园接待游客，串番茄应在1月上旬播种育苗，2月中旬定植；而迷你黄瓜则应在3月1日育苗，4月1日定植。又如，串番茄、迷你黄瓜、南瓜的结果持续期分别为9个月、4～6个月、3个月，因此，可通过无土栽培的方式栽培不同植期的迷你黄瓜、南瓜，以利于新老茬更替，保持与串番茄一样的结果持续期。

（3）讲究空间。通过株距调整和修剪整枝，使叶片大小、稀密以及植株高矮、树冠不同的作物以一定的秩序规律排列和组合，呈现美感。如番茄叶片偏小，株距以30～35厘米为宜；南瓜叶片较大，株距则以50～60厘米为适。又如，南瓜类摘去分枝更有利于开花结果，攀附性弱的番茄、茄子等蔬菜应及时引蔓上架。

（4）控制环境。番茄等茄果类对环境的要求是：白天温度23～30℃、夜间温度15℃、空气湿度45%～60%、光照时间10～14小时、光照强度5万～7万勒克斯；南瓜等瓜类的是：白天温度23～

30℃、夜间温度15～18℃、空气湿度50%、光照时间10小时、光照强度4万勒克斯；耐寒叶菜类的是：白天温度18～20℃、夜间温度8～10℃、空气湿度60%、光照时间12～14小时、光照强度2万～4万勒克斯；耐热叶菜类的是：白天温度22～28℃、夜间温度10～15℃、空气湿度80%、光照时间10～12小时、光照强度3万～5万勒克斯；萝卜等根茎类的是：白天温度20～22℃、夜间温度10～12℃、空气湿度70%～80%、光照时间10～14小时、光照强度4万～5万勒克斯。因此，必须加以人为控制，使其适应之。

[本案例（含图片）根据曹华、韩亚钦、徐进、赵景文《蔬菜文化迷宫的设计与种植技术》（《中国创意农业（北京）发展论坛论文集》，农业部农产品加工局、北京市农村工作委员会、北京市农村经济研究中心，2009年12月）、范继文、文静《蔬菜迷宫》（http://www.foods1.com/content/1148540/，2011－06－16）和马楠《“蔬菜迷宫”丰台南宫首纳客》（http://www.agri.gov.cn/index2.htm，2011－06－16）综合整理]

分析

蔬菜迷宫是作物植株设计较为成功的一个案例。它利用迷宫这一传统的休闲游乐设施为形式，通过多种设计方法的运用和文化创意的融合，成功地将蔬菜设计成别具一格的组合。

蔬菜迷宫设计的成功表现在：一是传统与现代相结合。即将迷宫这一传统的休闲游乐设施与现代休闲游乐活动结合起来。二是休闲与文化相结合。即将文化有机地融入休闲游乐活动中。三是生产与审美相结合。即将生产农产品的蔬菜设计成具有审美情趣的景观。

蔬菜迷宫设计的成功是各种设计方法综合运用的结果。蔬菜迷宫设计的基本方法是园艺方法，即利用园艺方法，将蔬菜设计成迷宫。辅助方法有栽培、修剪和文化等方法。栽培方法使各种蔬菜得以健康成长、开花挂果；修剪方法使蔬菜秩序化、规律化、美学化；文化方法使蔬菜获得文化内涵；其他方法使蔬菜充分彰显出迷宫文化。

值得注意的是，在整个蔬菜迷宫这一案例的叙述中，只触及蔬菜的生长发育、果实的有无和多少、植株的造型和组合、文化的设计和赋予，而几乎不触及蔬菜的正常产量和收成，即蔬菜迷宫更倾向的是文化、审美、娱乐，而几乎忽视了蔬菜生产、农业生产。这时的蔬菜已经是作为文化、审美、娱乐的蔬菜，而不是作为农业的蔬菜。就这一点来说，蔬菜迷宫设计还不是完全意义的农业设计、作物植株设计。

第六章

田园景观设计

所谓田园景观设计，就是根据人类的物质需求和审美需求，对田园进行设计，使其成为不但能种植农作物、营造树木、养殖畜禽和水产品，生产品质优良、营养丰富、卫生安全、口感适宜和外观美观的农产品，而且通过田块、田埂、沟渠、林带、道路和机井、棚架、电网、房屋等生产设施，与作物一起，与树木一起，与畜禽和水产品一起，按照美学规律排列、组合，形成既高产稳产又风光优美的田园。田园景观设计是农业设计的一般设计，也是农业设计的基本设计，在拙著《农业美学初探》中已有所研究。在此，为了全书的系统性，拟以原研究为基础，进一步研究之。

第一节　田园景观的内涵与类型

要设计田园景观，首先必须了解田园景观；要了解田园景观，首先又必须认识景观。随着景观的认识，田园景观、田园景观设计就会逐一得到揭示。

一、景观的一般问题

景观的问题有许多，这里研究的是一般问题。

景观是客体。一提到景观，人们自然会想到泰山、黄山、九寨沟，想到这些地方美丽的山水。的确，泰山、黄山、九寨沟这些美丽的山水都是景观。然而，它们又都是山岭，是水体，是隆起地表的山岭，是陷下地表的水体；或者可以说，就这一点来说，与其他隆起地表的山岭和陷下地表的水体并没有什么两样，都是山岭，都是水体，都是客观存在的物体。

景观是审美客体。泰山、黄山、九寨沟既是客体，更是审美客体，即它们本身就存在着美，本身就是美丽的山岭和水体，并不以人们的意志为转移。众所周知，黄山以其奇松、怪石、云海、温泉之四绝而著称；峰峦叠嶂，奇峰怪石，云雾缭绕，配上黄山松，构成令人叹为观止的奇、险、深、幽等奇景；玉屏楼和迎客松、光明顶看飞来石、猴子观海、梦笔生花、天都峰、莲花峰、始信峰及西海排云亭，各有特色，别具一格。这些自然景观存在于黄山之中，使黄山美丽，也使黄山美得特别，美得既不像泰山，也不像九寨沟。

景观是审美对象。景观是客体，是审美客体，但这仅仅是景观美的客观、美的存在，并不是美的发现、美的认识，而只有当其美被发现、被认识的时候，其美才能被人们所欣赏、所品读、所消费。黄山之美是客观存在，黄山之迎客松也是客观存在的，但当人们还未发现、认识它之时，它只是作为一般的松树客观地存在着，它由一般的松树变成迎客松则是由于人们的发现、认识。人们发现、认识美之所在的审美客体就是审美对象，因此，景观是审美对象。

景观是可分为自然和人文两大类别的审美对象。无疑，泰山、黄山、九寨沟等景观是自然形成的，是大自然在长期的运动中逐渐形成的。尽管在其中也有人为的痕迹，比如建设道路、修建亭子、安放桌椅等，但是，这些几乎可以忽略不计。因此，这类景观可以统称为自然景观。而像颐和园、天坛公园和苏州园林等景观则是人工建造。尽管这样，它们却像那些自然景观一样，是客体，是审美客体，是审美对象。不同的只是，这类景观统称为人文景观。

景观还是比较大型的审美对象。值得注意的是，工艺产品同样也很美，一尊花瓶，特别是烧有花鸟的花瓶，是美之极品。它们都是比较小型的审美对象。而景观应该是比较大型的审美对象。

二、田园景观的内涵

田园景观是田园。田园景观是种稻的水田、植蔗的坡地、栽菜的园地、造林的林地、牧羊的草地、养鱼的水域，是宜农的农业后备资源，是一切已经利用、准备利用的农业用地，是以田园为形式的客观实在；而不是其他，不是长草的坡地、盐化的咸地、渍水的潭地、建房的宅地、挖煤的矿山，不是一切既不能农用、又不准备农用的非农用地。准确地说，田园景观以田园为载体。

田园景观是种植农作物的田园。田园这一客观实在是种植农作物的客观实在，是用来种稻的水田、用来植蔗的坡地、用来种菜的园地、用来造林的林地、用来牧羊的草地、用来养鱼的水域，是已经用来、准备用来从事农业的土地，因此，它是宜农的，适宜水稻、甘蔗、蔬菜和树木的生长，适宜羊和鱼的生活，或者可以说，田园景观由农作物和田园构成。

田园景观是种植农作物，生产农产品的田园。田园这一客观实在不但用来种植农作物，种植水稻、甘蔗、蔬菜和树木，养殖羊和鱼，而且通过这些农作物的种植，生产农产品，生产稻谷、甘蔗、蔬菜、木材、羊和鱼，生产能够满足人类需求的农产品。

田园景观是既生产农业物质产品，又生产农业审美产品的田园。即田园景观这一客观实在在生产稻谷、甘蔗、蔬菜、木材、羊和鱼等农业物质产品的同时，还通过美观的产品、健美的植株和美化的田园生产农业审美产品。中国菠萝第一镇——广东省徐闻县曲界镇——种植菠萝5万亩，分布在高低起伏的低丘坡地上，一望无际，宛如“菠萝的海”。这就是菠萝田园景观。

综上所述，田园景观是以田园为载体，以生产农业物质产品和农业审美产品为目标，通过农作物与田块、田埂、沟渠、林带、道路和机井、棚架、电网、房屋等生产设施的合理排列、美学组合，形成的田园风光。

三、田园景观的类型

众所周知，广阔的田野，地形、地势不同，母岩、土壤不同，种植的作物、养殖的动物也不同，在人类爱美意识或潜意识的作用下，无不形成千姿百态的田园景观。不过，归纳起来，主要有如下 8 种类型：

1. 单一型田园景观

所谓单一型田园景观，就是上千亩、甚至上万亩的连片土地仅种植一种作物、甚至一种品种，构成一幅整齐划一、纯朴宽广的田园景观。这种田园景观适合于土地连片、宽广、平坦，或虽地势不平，但起伏幅度不大的田园。如，在这样的田园上种上连片的甘蔗或新台糖 22 号，一眼望去，整整齐齐，微风吹来，此起彼伏，构成一幅“蔗的海洋”，给人一种心旷神怡的感觉。

2. 相间型田园景观

所谓相间型田园景观，也叫图案形田园景观，则是在连片的土地上种植若干种或叶、或花、或果颜色不同的作物或品种，通过这些作物或品种或叶、或花、或果颜色的合理搭配，构成或字、或花、或虫、或鸟、或几何图形、或其他图案的田园景观。这种田园景观所适合的田园与单一型田园景观的基本相同，不过，田园要成形，特别是形成大小基本相等的方格。当然，仅用一块田园来创造则不存在这一问题。创造相间型田园景观应主要选择花卉类作物。因为花卉类作物的叶、花、果之颜色鲜艳多样、株型千姿百态，所形成的田园景观，远远望去，就像一幅幅美丽的图画——画在大地上的图画，给人一种自然纯朴、美丽如画的感觉。大地艺术景观“I love you”，就属于相间型田园景观。

3. 点缀型田园景观

所谓点缀型田园景观，指的是在田野上适当地种植一些具有当地特色的典型树木，从而起着画龙点睛的作用，并通过这些典型树木构成具有地方特色风光的田园景观。点缀型田园景观适合于地势不平，起伏幅度较大，且坑坑坎坎较多的田园。创造点缀型田园景观所选择的树木，既要具有地方特色，又要常绿，还要树冠较小，特别是树干挺直。田野上所植树木不宜过多，以零星状为佳。如在地势起伏不平的热带地区的田园上，按照美学规律，有选择地种上一些或孤植、或对植、或丛植、或其他方式种植的椰子、木菠萝、木棉、木麻黄、荔枝和龙眼等热带典型树木，与田园上的作物，以及大自然融为一体，便构成了一幅颇具热带特色的热带田园风光，给人一种别具一格的感觉。

4. 林网型田园景观

所谓林网型田园景观，指的则是田园方格化、林网化的田园景观。这种田园景观适合于地势平坦连片的田园。田园方格化、林网化不但可使田园整齐划一，而且通过林带的营造，调节田间小气候，涵养水分，防风固土。创造林网型田园景观，应在继承农田基本建设传统的基础上，赋予美的灵魂，即田园的方格大小、林带宽窄、树木规格、道路配套以及田园与林带、道路之间应符合美学规律，形成方格美、线条美、田园美。如，我国热带地区农垦部门的橡胶园就普遍实行了方格化、林网化，给人一种整齐划一、条块分明的感觉。

5. 设施型田园景观

在田园上建设相应的、必要的农业生产设施，如田园房屋、机井房屋、水池、喷头和大棚等，与农作物一起构成的田园景观，就是设施型田园景观。在创造设施型田园景观中，农业生产设施的建设，既要符合生产的要求，又要符合美学的要求，即田园房屋、机井房屋、水池、喷头和大棚等设施既要实用，有利于农作物的生长发育，又要在布局上、造型上采用艺术化的手法，既融化于相互之间的大统一之中，又融化于农作物之中，融化于田园之中，融化于自然之中，构成以农作物和田园为主调，以生产设施为衬托的田园景观，给人一种画龙点睛、和谐统一的感觉。例如，将甘蔗文化元素有机地融入蔗园的田园房屋和机井房屋上，就能极好地体现甘蔗文化，极好地通过甘蔗文化将田园房屋和机井房屋与甘蔗、蔗园形成一个有机的、和谐的统一体，并使甘蔗文化通过田园房屋和机井房屋得以提升和彰显。

6. 阶梯型田园景观

顺着山岭的坡势，按等高线水平，把田园建造像阶梯一样，并与田园上种植的作物一起，构成逐一递进、由低到高、线条分明的田园景观，则是阶梯型田园景观。这种田园景观适合于山岭海拔较高、坡度较大的田园。创造阶梯型田园景观，应注意四个问题：一是按等高线水平建造阶梯，即同一级的阶梯应建造于同一等高线水平之上，这样会给人以整齐感。二是阶梯距离相等或按成倍量递增，即从山脚到山顶的所有阶梯之间的距离都相等，如都是 1 米，或都是 2 米；或从山脚到山顶，上一级的阶梯之间的距离均比下一级的阶梯之间的距离增加一个相同的增加量，如第二级阶梯之间的距离比第一级的增加 0.2 米，第三级的又比第二级的增加 0.2 米，比第一级的增加 0.4 米，这会给人以规律感。三是同一级田园的田埂植被应相同，不同级的则可相同，也可不同，相同的给人以同一感，不同的则给人以变化感。四是同一级田园的作物应相同，不同级的则可相同，也可不同，效果同上。说到阶梯型田园景观，读者自然会联想到闻名全国的山寨梯田和哈尼族梯田。

7. 文化型田园景观

不管是单一型田园景观、相间型田园景观，或是点缀型田园景观、林网型田园景观，还是设施型田园景观、阶梯型田园景观，都可以赋予相应的文化内涵，变成文化型田园景观。显然，建造文化型田园景观的关键在于对景观赋予恰如其分的文化内涵。例如，对上面提到的大地艺术景观“I love you”赋予“爱的伊甸园”、“爱的表达”和“爱的艺术”等文化内涵就很贴切。

8. 园林型田园景观

仿照园林或公园的款式，运用艺术的手法，营造出来的形式多样、功能齐全、可供人们游玩的田园，叫做园林型田园景观，也叫公园型田园景观。它是田园景观的最高形式，它往往包含以上各种田园景观在内。显然，营造园林型田园景观什么类型田园都可以，其关键是各种田园景观的和谐、统一。广东省高要市兴建的广新农业生态园就属于园林型田园景观。该园 1999 年 4 月上马，建有 500 多个餐位的天绿香农家菜馆、观星阁西餐厅，供应着芦荟刺身、仙人掌拼盘、荔枝鸡、稻香鸡、山坑鱼仔、家乡柚皮、番薯芋头等绿色环保的保健美食，并配以四季龙眼、芒果、青枣、杨桃、葡萄、粉蕉、荔枝、台湾麻笋、云南甜笋等优质水果，令游人尽享乡野饮食文化；建有 2000 多亩可供游人自由采果的荔枝园、龙眼园、芒果园、葡萄园，令游人体会一下陶渊明“采菊东篱下，悠然见南山”的意境；建有一幢幢独具特色，500多个床位的别墅和旅馆，有欧陆风情可供会议、接待的绿野琼楼和荔枝居、碧湖楼、碧泉楼，有适合旅行社和家庭温馨度假的紫荆苑，有为青少年提供服务的国际青年旅馆，令游人享受一下乡间小憩的风情；建有古朴攀爬、八卦迷宫、赛龙舟、垂钓、浑水摸鱼、自行车竞技、时尚定向运动、篮球、网球、乒乓球、桌球、高尔夫球、露营、卡拉OK、游泳、野炊、烧烤、儿童乐园、清泉湾漂流、清泉湾高空滑索、山野攀岩、水上游乐、野生珍稀动物园等30多种令人乐而忘返的娱乐项目，令游人尽情体验一下“生态运动”之情趣。显然，当你走进这样的景点，自然就有一种有游玩公园的感觉。

第二节　田园景观美的形式与特征

农产品美以农产品为载体，作物植株美以作物植株为载体，从而彰显出其固有的美的形式与特征。田园景观美以田园为载体，自然也会彰显出其固有的形式与特征。

一、田园景观美的形式

田园是多样的，形成的景观也是多样的，其美的表现形式自然也是多样的。归纳起来有如下5种：

1. 整齐美

所谓整齐美，就是田园通过整齐划一的形式，来表现景观美的一种形式。

显然，整齐美主要存在于单一型田园景观中。在单一型田园中，田园不但集中连片，成千亩、成万亩地集中连成一片，而且往往地势平坦，即使不平坦，也高低起伏不大。在这样的田园中种植作物，种植同一种作物或同一种作物的同一种品种，只要植期一致、规格一致、管理一致，作物的长势就一致，同步发芽、伸叶，同步分蘖、拔节，同步开花、挂果，一样的高，一样的壮，一样的枝，一样的叶，一样的花，一样的果，是那样的整齐，那样的划一，那样的美观。上面提到的“菠萝的海”就是这样。

整齐美也存在于林网型田园景观之中。在林网型田园中，虽然网内的作物和网带的树木是不同的作物，但是，网块大小是相同的，往往是方格形，网带宽度也是相同的，不同网格间的作物还是相同的，网带的树木仍是相同的。在雷州半岛，在农垦部门的橡胶园，网内的作物是橡胶，网带的树木是木麻黄或桉树。这样，林网型田园形成的景观自然整齐，准确地说，以林网或方格的形式表现整齐，表现整齐美。

2. 图案美

所谓图案美，则是田园通过不同作物、或品种、或叶、或花、或果，不同颜色的合理搭配，构成或字、或花、或虫、或鸟、或其他图案，来表现景观美的一种形式。

无疑，图案美主要存在和表现于图案型田园景观之中。上面的研究表明，农产品和作物植株也有图案美的表现形式，但其美籍以存在和表现的图案主要存在于农产品之上，而图案型田园景观的图案美则通过不同作物、或品种、或叶、或花、或果不同颜色的合理搭配。就这一点来说，田园景观的图案美是表现在大地之上、自然之中的，与农产品和作物植株的图案美相比，显得更壮观、更气派。

从艺术的角度来说，图案型田园景观的图案美，论文字，不如书法家所书写的书法，论花鸟、图案，不如画家所描绘的图画，但它不是用线条和涂料构成的，不是构成在纸张上或布匹上，而是用作物来构成的，用作物的叶、花、果来构成的，构成在田园上、大地上、自然上，是田园的艺术、大地的艺术、自然的艺术，是田园的艺术化、大地的艺术化、自然的艺术化，是艺术的回归，是艺术在回归中的升华。

3. 特写美

所谓特写美，指的是田园通过特写的方式，来表现景观美的一种形式。

点缀型田园景观要数最具特写美这一表现形式。点缀型田园景观通过田园中的地方典型树木的点缀构成，这样，田园景观就在地方典型树木这一“特写”形式中凸现出固有的美。

设施型田园景观也具有特写美这一表现形式。设施型田园景观则通过田园中的田园房屋、机井、水池、棚架和电网等生产设施构成，这样，田园景观则在这些生产设施的“特写”形式中表现出其固有的美。特别是当这些生产设施被赋予恰如其分的文化内涵的时候，其特写美便更加突出。

阶梯型田园景观同样具有特写美的表现形式。点缀型田园景观以点缀树木来“特写”，设施型田园景观以生产设施来“特写”，阶梯型田园景观以自然山体，也就是以梯田化的自然山体来“特写”，“特写”在自然山体所寄存的大自然之中，大寨梯田是这样，哈尼族梯田也是这样。

4. 文化美

所谓文化美，指的则是通过对田园景观赋予相应的、恰如其分的文化内涵，使其具备文化韵味，从而彰显美的一种表现形式。

农产品有文化美，作物植株也有文化美，田园景观同样有文化美，或者可以说，一切事物、一切景观都可以有文化美。因为文化美是由于人类对其赋予文化内涵而形成，而人类完全可以对一切事物、一切景观赋予文化内涵。问题是，只有相应的、恰如其分的文化内涵才会彰显文化美。

就此来说，任何一种类型的田园景观都可以以文化美的形式来表现，即除文化型田园景观以外，单一型田园景观、相间型田园景观、点缀型田园景观、林网型田园景观、设施型田园景观、阶梯型田园景观和园林型田园景观也可以。只要对这些田园景观赋予相应的文化内涵，这些田园景观就自然具有文化韵味了。

尽管这样，并不是所有田园景观都赋予文化内涵。一般来说，必要的才赋予。所谓必要的，包括：一是典型作物。即这种作物在全国具有代表性，如地理标志保护作物。例如，徐闻的菠萝是地理标志保护产品。那么，在徐闻建设的菠萝田园景观，就可赋予相应的菠萝文化内涵，而在其他地方建设的菠萝田园景观，则不必赋予菠萝文化内涵。二是形似景观。即对有着相应外形特征的景观赋予相应的文化内涵。例如，上面提到的菠萝地，面积大，范围广，一望无际，分布在高低起伏的低丘地上，好似海洋，因此，对其赋予“菠萝的海”的文化既必要，又恰当。三是拟物景观。即对人工修剪成的拟物景观赋予相应的文化内涵。例如，将农作物修剪成拟亭、台、楼、阁的景物，或拟花、草、虫、鸟的景物，或拟虎、狮、狼、狗的景物，再赋予相应的名字，甚至赋予相应的文化典故。

5. 园林美

顾名思义，园林美就是田园以园林的方式，来表现景观美的一种形式。

十分显然的是，园林美只存在于园林型田园景观之中。在园林型田园景观中，田园中的作物、田块和生产设施等各种要素通过园林艺术方法，综合地组合在一起，构成一个有机的整体，形成园林型田园景观，存在和表现着园林美。广新农业生态园就是这样。

就这一点来说，园林美是一种综合美，一种田园景观综合美，一种将各种田园景观美综合地存在和表现于一个田园景观之中。当然，这种综合不是简单的组合，而是有机的构成，其美的价值大于各局部田园景观美之和。

二、田园景观美的特征

1. 田园性

所谓田园性，就是田园景观美以田园作为存在和表现的载体的特性。即田园景观美依附于田园这一载体之上，依附于由田块、田埂、沟渠、道路、林带、房屋、机井、水池、电网、棚架和农作物等要素构成的田园这一载体之上。

田园景观美的田园性不仅仅是其与农产品美和作物植株美的区别，也是其与其他非田园美的区别。书画美依附于书画，而书画虽也有描绘或描写田园的，但一般悬挂于展厅、客厅或房间，与田园的关系最多是素材，而不是载体。

2. 依存性

所谓依存性，则是田园景观美依附于大自然而存在和表现的特性。

田园景观美的依存性有两层含义：一层是，其所依附的田园存在于大自然之中。另一层是，田园景观美无不依存于周围自然。既然田园存在于大自然之中，那么，田园景观美就离不开周围自然，只有与周围自然协调、和谐，构成统一体，才能在大自然的整体美中凸现出田园景观美。

值得注意的是，田园景观美的依存性和作物植株美的依赖性具有本质的区别。田园景观美对周围自然的依存，表现在其作为周围自然景观的一部分，而并不依其存在而存在，即使周围自然及其景观不存在，其也能存在和表现；而作物植株美对田园的依赖，则由于作物植株美所依附的作物植株的生长发育离不开田园，需要田园的固定及提供养分、水分，而使其的存在和表现必须依赖田园，一旦离开田园便不再存在。

3. 多样性

所谓多样性，指的是田园景观美可以多种多样的形式存在和表现的特性。

田园景观美之所以具有多样性，主要是由于如下三个原因：一是田园景观美所依附的田园景观有八大类型，即单一型、相间型、点缀型、设施型、林网型、阶梯型、文化型和园林型，这在上面已有论述，在此不再重复；二是田园景观美所依附的田园景观都可通过某些构成要素的变化而派生出一系列不同的田园景观，即使是单一型田园景观也可通过作物的变化、品种的变化、叶色的变化、花色的变化、果色的变化、生长期的变化、株行距的变化和地形的变化等而派生出一系列相关的不同的单一型田园景观，甘蔗景观、玉米景观和番薯景观就已经不同了；三是田园景观美往往包含着农产品美和作物植株美，如田园景观美包含着未收获苹果前的苹果美，但不包含已收获苹果的苹果美。

基于以上三个原因，田园景观美的多样性有两层含义：一层是，不同田园景观美的形式不同，即广大的乡村、辽阔的田园可形成多种多样的田园景观美，当然主要是上面提到的八大类型；另一层是，同一田园景观美也可从各个局部表现不同的美的形式，即同一田园景观美既是一种美的形式，也是各种各样农业美的有机综合形式。

4. 风光性

所谓风光性，指的则是田园景观美往往以风光的形式存在和表现的特性。

田园景观美之所以具有风光性，则主要是由于如下两个原因：一是田园景观美具有田园性。即田园景观美以田园为载体。作为载体之田园有的面积虽然较小，仅一、两亩，甚至可小得几乎可以忽略，如盆景作物之花盆中的土壤，但一般来说往往较大，上十亩、上百亩、上千亩、上万亩屡见不鲜。二是田园景观美具有依存性。即田园景观美依存于大自然而存在和表现。田园景观美所依存的大自然往往是没有边界的，田园连着周围的自然。上面提到的“菠萝的海”面积 5 万亩，高低起伏，一望无际，既有田园性，又有依存性，处处透现着田园风光，是典型的田园景观美。

田园景观美的风光性，与山水风光、自然风光很为相似，都是范围广、面积大、边界模糊，不同的是田园景观美所依附的田园景观主要都是人为的，作物是，沟渠、道路、林带是，房屋、机井、水池、电网、棚架是，其他景物也有是的，而山水风光、自然风光则主要都是自然的，尽管也有人工建造的道路、亭子、椅子、小卖部、餐馆和停车场等。

田园景观美的风光性，在农产品美和作物植株美中几乎不存在，更不说表现；在建筑美、雕像美、书画美和盆景美中同样几乎不存在，不表现；在园林美中虽存在，但却由于边界的清晰性而得不够淋漓尽致的表现。

5. 园林性

田园景观美以园林的方式存在和表现的特性，就是园林性。

田园景观美所依附的园林型田园景观，即使是单一型田园景观、相间型田园景观、点缀型田园景观、林网型田园景观、阶梯型田园景观、文化型田园景观，无不采用园林艺术来营造，实现田园的园林化。一是应用园林规划形式。在田园园林化建设中，应根据不同的田园，选择不同的园林规划形式。对地势较平、面积较大、田块形状、大小较统一的田园，宜选择规则式园林规划形式；对地势不平、面积较小、田块形状、大小不一的田园，则宜选择自然式园林规划形式。二是应用园林动态序列布局。在田园园林化建设中，也应根据田园的特点，采用相应的动态序列布局。一般地，面积较大、长度较长、地形较复杂的田园宜采用三段式连续序列布局；面积较小、长度较短、地形较简单的田园宜采用二段式连续序列布局。在应用上，应注意断续、起伏曲折、反复和空间的开合等要素的运用。三是应用园林景观。在田园园林化建设中，应结合田园的实际，应用园林景观设计原理，设计主景与配景、前景、中景、远景、借景、对景与分景、框景、夹景、漏景、添景等田园景观。四是应用园林植物景观。在田园园林化建设中，同样应结合田园的实际，应用园林植物景观设计原理，设计孤植、对植、丛植和群植、树林、植篱、花坛和草坪等田园植物景观。五是处理好田园的功能问题、林带树种的选择问题、田园房屋和生产设施的建设问题、山水问题和动物问题等问题。上面提到的广新农业生态园就是采用园林艺术营造出来的园林型田园景观，表现出来的具有园林性的田园景观美。

无疑，田园景观美的园林性在建筑美、雕像美和书画美中都不具有，但在园林美中却具有。在田园景观美中，在充满园林性的田园景观美中，美往往还通过农产品的生产，通过农产品的有无和多少来存在和表现。

第三节　田园景观设计的方法与原则

农产品设计和作物植株设计都有相应的方法和必须遵循的原则，田园景观设计也有相应的方法和必须遵循的原则。

一、田园景观设计的方法

田园景观设计的方法有如下 4 种：

1. 自然法

所谓自然法，就是原则上或基本上按照自然的地形、地势来设计田园景观的方法。这种方法对自然的改造很小，基本保留原有的地形、地势、地貌，林带、沟渠和生产设施原则上顺着地形、地势来建造，不强调笔直、孤植、对称、排列；田园也就地而成，不强调成形，即不一定搞成正方形、长方形或其他统一的形状；农作物同样就地而植，不强调整齐统一、色彩搭配。然而，这并不意味着不讲究美，仅搞一般的大田生产，而是追求自然之美，即林带的走势是自然的，沟渠的路向是自然的，生产设施的布局是自然的，田园的大小、形状是自然的，农作物的种植是适宜的，从而达到在自然之中彰显美，实现点、线、面、体、色彩的自然排列和组合。运用自然法创造田园景观，适宜于点缀型田园景观和阶梯型田园景观的创造；适合于地势不平，起伏幅度较大，且坑坑坎坎较多的田园，以及山岭海拔高度较高、坡度较大的田园。哈尼族梯田，虽然它的形成并不是人们有意识地从美学角度营造，但却可以作为自然法创造田园景观的典范。

2. 人工法

人工法是相对自然法来说的。所谓人工法，指的是按照美学规律，运用艺术手法，合理排列和组合田园景观的构成要素，从而创造出田园景观的方法。这种方法坚持在不破坏生态平衡的前提下，强调田园的大小和形状，不但要求形状一致，如抑或正方形、抑或长方形、抑或其他统一的形状，而且要求大小一致，即面积统一；强调沟渠、林带、道路的宽窄、排列和走势，要求主渠道、主林带、主道路的宽度大些，且各统一，支渠道、支林带、支道路的宽度小些，且各统一，沟渠也好，林带也好，道路也好，多呈对称排列，且走势笔直；强调田园房屋、机井、水池、大棚等生产设施的合理分布，且多按一定几何图形排列，如形成直也成行、横也成行、对角也成行的构成；强调作物植株的种植规格和作物间色彩的合理搭配，要求作物植株的种植规格一致，成规律，要求作物间色彩的搭配成形，如形成或字、或花、或几何图形的图形。一句话，通过点、线、面、体和色彩的有序排列和组合，形成秩序美、规律美、图案美、人工美。运用人工法创造田园景观，适宜于点缀型田园景观和阶梯型田园景观除外的田园景观的创造；适合于地势较平、面积较大的田园。广新农业生态园就属于人工法创造的田园景观。

3. 农业动植物表现法

所谓农业动植物表现法，就是在田园景观的创造中，主要通过农业动植物的组合和排列来表现的方法。当然，这并不是说不再需要沟渠、林带和道路等要素来配合表现，只是这些要素的作用相对较小。这种表现形式主要有三：一是作物的株行距；二是作物的株型或造型；三是不同作物间色彩的搭配。因此，这种方法的运用应着重于：一是对作物的株行距，既要有规律、统一，即抑或等距离，抑或大小行，又要考虑株行距与株高的比例符合美学尺度；二是对作物的株型或造型，既要做到株株一致，又要考虑其群像的美学效果；三是对不同作物间色彩的搭配，既要考虑不同作物间的生态互补性、互促性，又要考虑不同作物间色彩搭配成型，或字、或花、或几何图案。显然，这种方法适宜于单一型田园景观和相间型田园景观的创造，适合于地势较平、面积较大的田园。上面提到的“菠萝的海”虽然不是有意识地运用这种方法创造的，却是此类景观创造应运用的方法。

4. 非农业动植物表现法

如果说人工法是相对自然法来说的，那么，非农业动植物表现法就是相对农业动植物表现法来说的。所谓非农业动植物表现法，就是在田园景观的创造中，主要通过沟渠、林带、道路、生产设施和田园房屋等要素的组合和排列来表现的方法。这并不是说不需要农业动植物来表现，而是仍需要农业动植物来表现，且要以农业动植物为核心来展开。只是相对于农业动植物表现法来说，农业动植物的作用相对小些，沟渠、林带、道路、生产设施和田园房屋等要素的作用相对大些。这种方法不强调作物的株行距，不强调作物的株型或造型，不强调不同作物间色彩的搭配，但强调沟渠、林带、道路、生产设施和田园房屋的排列和组合，不但强调它们各自的排列和组合，而且强调它们之间的排列和组合，通过排列和组合，形成对称美、秩序美、规律美、节奏美等。这种方法适宜于点缀型田园景观、林网型田园景观、阶梯型田园景观、文化型田园景观和园林型田园景观的创造。上面提到的热带地区农垦部门的橡胶园突出了林带、林网，强调了方格；哈尼族梯田则突出了阶梯、梯形，强调了山体。

二、田园景观设计的原则

农产品设计和作物植株设计必须遵循相应的原则，田园景观设计也必须遵循相应的原则。

1. 生命性与非生命性结合，以生命性为主

在田园景观构成要素中，既有生命要素，也有非生命要素。生命要素主要有农业动植物、林带和田园四周植被；非生命要素主要有沟渠、道路和生产设施。因此，在田园景观设计中，必须千万百计使这些生命性要素和非生命性要素有机地结合起来，达到和谐、统一的程度，形成田园景观，从而使“美”凸现出来。

不过，在生命性与非生命性的结合中，应以生命性为主，即非生命性要素要服从生命性要素，特别是要服从农业动植物这一要素。具体地，通过生命性要素和非生命要素的有机结合、和谐统一，使农业充满生机活力，以体现其生命性，以使其在充满生机活力中形成田园景观，展现田园美。首先，每株作物必须充满生机活力，青枝绿叶，健康成长。其次，每块作物必须充满生机活力，整齐划一，株间协调。再次，每处田园作物必须充满生机活力，作物间颜色搭配合理，高低错落有致。最后，农作物自始至终必须充满生机活力，苗期拔芽伸长，葱葱绿绿，中期壮茎分杈，青枝绿叶，后期扬花挂果，果实累累。

例如，上面提到的甘蔗和机井。甘蔗是有生命的，属生命要素，机井是无生命的，属非生命要素。在设计中，既考虑甘蔗单株的造型和整体的群像，又考虑机井房屋的款式，就是甘蔗和机井的结合，就是生命性与非生命性的结合。与此同时，还考虑机井抽水、供水能力足以满足甘蔗生长发育的需求，考虑机井房屋有机地融入甘蔗文化元素，则是甘蔗和机井结合，以甘蔗为主，是生命性与非生命性结合，以生命性为主。

2. 生产农业物质产品和农业审美产品结合，以生产农业物质产品为主

田园景观既是田园，也是景观。作为田园，可生产农产品，可生产粮食、糖料、油料、蔬菜和水果等农产品，可生产满足人们淀粉、脂肪、蛋白质等营养需求和甜、酸、苦、辣等味道品尝需求的农业物质产品；作为景观，可品读，可欣赏，可生产满足人们审美需求的农业审美产品。玉米观光园就是这样，既生产着玉米，也生产着玉米田园风光。因此，在设计中必须做到两者相结合。

田园景观首先是田园，然后才是景观。①田园景观之田园是宜农的，是适宜种稻的水田、植蔗的坡地、栽菜的园地、造林的林地、牧羊的草地和养鱼的水域；②田园景观之田园往往在从事农业，往往在种着稻、植着蔗、栽着菜、造着林、牧着羊和养着鱼；③田园景观之田园往往生产着农产品，稻在结谷，蔗在拔节，菜在伸叶，林在材积，羊在长膘，鱼在肥壮；④农业审美产品的生产往往通过农业物质产品的生产来凸现，"千重浪"是稻田风光的形容，更是水稻丰收的景象；⑤创造田园景观的最终目的，不是为美而美，而是为农而美，即通过农业美学建设来促进农业生产的发展，特别是提高农业物质产品的产量及改进其质量。这是田园景观与一般的或纯粹的景观最大的区别。基于此，在创造田园景观的过程中，必须围绕农业物质产品生产来进行，从农作物种类和品种的选择到田、林、水、电、路的综合治理都应如此。即农作物种类和品种的选择首先考虑市场是否需要，自然资源条件是否适宜，然后再考虑其颜色的合理搭配；田、林、水、电、路的综合治理首先考虑是否有利于农作物的生长发育及其产量的提高、品质的改良，然后再考虑是否符合美学标准；如此等等。

例如，矮化荔枝，将其树冠修剪成半球形，既有利于抽穗扬花挂果，又美观；但若将其树冠修剪成其他形状，如立方体、长方体或拟猪、拟鸡，虽可品读、观赏，却不见得有利于抽穗扬花挂果。从田园景观设计的角度来说，前者是生产农业物质产品和农业审美产品结合，以生产农业物质产品为主；后者则不是。因此，在设计中，就应该是前者，而不是后者。前者遵循了田园景观设计的原则，后者则违背了田园景观设计的原则。

3. 自然美与艺术美结合，以自然美为主

田园景观所存在和表现的美，也就是田园美，与一般的或纯粹的艺术美不同，后者一般创造于具体的物品中，如雕塑、书画、工艺品等，而前者则创造于大地上，创造于田园上，往往以田园周围的自然作背景，作衬托，因此，必须与大自然融为一体，才会美。基于此，在创造田园景观的过程中，就应该少一点人工塑造，尽量保留大自然和田园原来的风貌，以自然生态不受破坏为度。

不过，既然是创造田园景观，就应该有所创造，况且自然的大地、田园往往总是不符合或不甚符合人们的审美需求，因此，在创造田园景观的过程中，就应该在坚持以自然性为主的前提下，采用艺术的手法，对田园进行适当的改造，融艺术美于自然美之中，从而形成田园景观，凸现出田园美。

哈尼族梯田很好地做到了这一点，是田园景观，是艺术的田园景观，更是自然的田园景观。

4. 生产季节与非生产季节结合，以生产季节为主

田园景观所存在和表现的田园美与一般的或纯粹的艺术

美还有一个不同，就是后者一旦创造出来，其艺术美便伴随着物品的存在而存在，只要其所依附的物品不被破坏，其所表现的艺术美便仍然存在，上十年，上百年，甚至上千年，如两千多年前建造的万里长城、秦兵马俑至今仍风韵犹存；而前者则不同，随着生产季节的开始而开始，结束而结束，长期作物不外上十年，上几十年，如树木、果树等，短期作物则只有一年半载，甚至2～3个月，如水稻、瓜菜等。因此，在创造田园景观中，必须注意生产季节与非生产季节结合，即所营造的田园景观，不但要在生产季节能够表现出来，而且要在非生产季节也能够表现出来。显然，要做到这一点，关键在于在创造田园景观中，所营造的点缀树木、林网和生产设施等既要与种植作物时的田园、作物协调一致、和谐统一，又要与不种植作物时的田园协调一致、和谐统一。

当然，在生产季节与非生产季节相结合的同时，必须坚持以生产季节为主的原则。因为所创造的是田园景观，是田园美、农业美。而做到这一点的关键，则在于在创造田园景观中，所营造的点缀树木、林网和生产设施等在做到与不种植作物时的田园协调一致、和谐统一的同时，更倾向于与种植作物时的田园、作物协调一致、和谐统一。例如，在蔗田，对田园房屋、机井房屋融入甘蔗文化元素，在种植甘蔗时，也就是在甘蔗生产季节，不但能在布局上、秩序上体现协调一致、和谐统一，而且能在文化上提升，在审美上升华；而不种植甘蔗时或收获甘蔗后，也就是在非甘蔗生产季节，则只是能在布局上、秩序上体现协调一致、和谐统一。一句话，从以生产季节为主这一原则出发，在蔗田，就应该在田园房屋、机井房屋上融入甘蔗文化元素。

5. 长期性与短期性结合，以长期性为主

田园景观所存在和表现的田园美与一般的或纯粹的艺术美相比还有一个不同，后者一旦创造出来，其艺术美从内容到形式就固定起来，几乎不再发生什么变化，除了自然的或人为的破坏以外，如上面提到的万里长城和秦兵马俑。而田园美则不同，总是在创造中变化，变化中创造，即某种形式的美总是短暂的，而田园美却是长期的。就大的变化来说，某一时段的单一型田园景观存在和表现的田园美可变成另一时段的相间型田园景观存在和表现的田园美。就小的变化来说，同为单一型田园景观存在和表现的田园美，随着造别的更替，某种作物之美可变成另种作物之美；即使是同一造作物，从作物的萌芽、长苗到伸长、抽穗、扬花、挂果、乃至收获，其所形成的美无疑也在变化中。这就是长期性与短期性问题。

显然，在创造田园景观中，就要在注意长期性与短期性结合的前提下，坚持以长期性为主，即在所创造的田园景观中，其所营造的点缀树木、林网和生产设施等，既要能与当时某种作物或某些作物协调统一、和谐一致，又要能与当地常年另种作物或另些作物协调统一、和谐一致。例如，在热带地区，在田园，用木麻黄、桉树、木菠萝和木棉等典型热带树木来作为点缀树木，就能很好地做到这一点。因为在热带地区，在田园，种植的作物主要都是甘蔗、菠萝、木薯和剑麻等热带作物，而这些热带作物在典型热带树木的点缀下，便能形成美丽的热带田园风光。

第四节　田园景观设计的案例与分析

下面以“菠萝的海”和北京昌平苹果主题公园作为案例，分析田园景观设计。

一、案例一：“菠萝的海”

案例

“菠萝的海”位于广东省徐闻县曲界镇——“中国菠萝第一镇”（图 6-1）。

图 6-1

“菠萝的海”位于东经 110°10′～110°32′，北纬 20°13′～20°46′，地处热带北缘，属热带季风气候，光温充足，雨量充沛，土壤肥沃，低丘缓坡，环境生态。年均气温 23.5℃，极端最高气温 38.8℃，极端最低气温 2.2℃，年均活动积温 8554.7℃，有效积温

4929.7℃，夏长冬短，几乎无霜冻。年均日照时数1775.5小时，太阳辐射量居广东之最，年均达118.4焦耳/平方厘米。年均降水量1369.2厘米，相对湿度84%。土壤以砖红壤为主，有机质平均含量29.34克/千克，全氮平均含量1.44克/千克，全磷平均含量37.24毫克/千克，全钾平均含量150.37毫克/千克，硅、硫、钙等元素也较充足。由于没有污染工厂和其他污染源，空气和地表水均没有任何污染，地下水更是有如“矿泉水”一般纯净。一句话，这里的自然资源十分适宜种植菠萝。

基于此，当地于1860年开始引种菠萝，当时引种的品种为高麻土种。直到1925年前，种植菠萝的目的主要都是收叶片取纤维织布匹。1926年后，开始转以收果为主，并随着1930年引种巴厘品种而使这一目的得以确立。目前，徐闻种植的菠萝分布于曲界、锦和、前山、下洋、下桥、和安、龙塘、新寮和南山等9个乡镇，面积达到21万亩。

由于自然资源适宜，加上栽培历史悠久和方法科学，菠萝品质优良，特别是曲界愚公楼生产的菠萝果大、形美、汁多、肉脆、味香、可口、质优，驰名国内外。早在20世纪50年代就享誉东南亚。60年代，以其为原料加工的“天坛牌”糖水菠萝罐头出口美国、加拿大等50多个国家和地区，并多次获得国家轻工业部和广东省优质产品奖。1996年被农业部定为南亚热带作物名优基地。1997年、1999年巴厘菠萝果被中国农业博览会、中国国际农业博览会确认为名牌产品。2001年被国家质量监督检验检疫总局列为国家级菠萝综合标准化示范区，被中国绿色食品发展中心认定为国家A级绿色食品。2005年获国家原产地域产品保护认证。2007年被农业部绿色食品管理办公室和中国绿色食品发展中心列为全国绿色食品原料标准化生产基地。

“菠萝的海”就营造于这一地区，营造于这一相对更具资源优势、文化优势的以愚公楼为核心的“中国菠萝第一镇”——曲界镇。由于地势低丘缓坡，连片5万亩的菠萝宛如“海洋”一般，故被称为“菠萝的海”。目前，人们逐渐形成共识：这里是“菠萝的海”，是丰收的旅游资源。而不时到来的游客则使这一共识得以升华。

[本案例图片选自百度图片《菠萝的海》（http://image.baidu.com/i?word=%E8%8F%A0%E8%90%9D%E7%9A%84%E6%B5%B7&tn=baiduimage&ct=201326592&cl=2&lm=-1&ie=utf-8&fm=hao123，2014-06-06）]

分析

“菠萝的海”是文中引用较多有一个例子。无疑，“菠萝的海”这一田园景观是当地果农在自觉不自觉的菠萝生产中营造出来的。不过，它的确值得田园景观设计所借鉴、所推广。

从资源层面、也就是生产层面来说，“菠萝的海”利用光温充足、雨量充沛、土壤肥沃和环境生态的热带自然资源，种植十分适宜的菠萝，生产果大、形美、汁多、肉脆、味香、可口、质优的菠萝果，实现了菠萝物质产品的生产。

从表观层面、也就是景观层面来说，“菠萝的海”利用土地辽阔、连片集中、低丘缓坡的特点，营造了一望无际、高低起伏、宛如“海洋”的菠萝景观、作物景观、田园景观，具有品读、观赏和审美价值，实现了菠萝审美产品的生产。

从深度层面、也就是文化层面来说，“菠萝的海”营造了具有150多年栽培历史、被列为国家原产地域产品保护、曾荣获一系列荣誉称号的菠萝生产最适宜区——以愚公楼为核心的曲界镇，这无不使其具有典型性、代表性、文化性和不可替性，具有文化价值、审美价值和旅游价值。

总的来说，尽管“菠萝的海”是当地果农在自觉不自觉的菠萝生产中营造出来的，但却可以看做是人们采用自然法和农业动植物表现法创造出来的单一型田园景观。

二、案例二：北京昌平苹果主题公园

案例

北京昌平苹果主题公园位于北京青山绿水的军都山脚下、十三陵水库北岸，面积706亩，2007年春始建，是一个以苹果为主题，集栽培示范、良种繁育、果农培训、科普宣传和市民观光于一体的农业观光园区（图6-2、图6-3）。

昌平苹果主题公园呈环形，分观光采摘区、品种展示区、展览展示区、亲水休闲区和设施栽培区等五个功能区，面积分别为515.55亩、58.17亩、15.44亩、30.32亩、20亩。观光采摘区以环形的形式分布于公园四周，其他四个功能位于公园中央。

图 6-2

图 6-3

昌平苹果主题公园建有相应的配套设施。入口建有大门 2 座及附属停车场，总面积 2620 平方米；展览展示区建有苹果广场，广场中建有苹果博物馆，总面积 3000 米；还附带建有用来作为培训、会议之用总面积 5525 平方米的会所 2 座，用来作为住宿、休闲之用总面积 430 平方米的木屋 2 座，用来作为观光、休闲之用总面积 305 平方米的茶艺馆 1 座。

昌平苹果主题公园是一个旅游型的农业观光园。2008 年接待游客 2000 余人次，2009 年后年接待游客 8000 余人次。

[本案例（含图片）根据北京乡村旅游网《北京昌平苹果主题公园》（http：//ly. bjnw. gov. cn/xxny/gggy/200909/t20090929 _ 189971. html，2012—09—03）整理]

分析

北京昌平苹果主题公园是一个园林型田园。它运用园林艺术手法，以植物造景为主，结合设施造景，通过项目设置、景点营造、建筑艺术，营造一个个既各自成型、又相互联系的田园景观，形成一个集栽培示范、良种繁育、果农培训、科普宣传、市民观光等综合功能于一体的园林型田园。

昌平苹果主题公园又是一个以苹果文化为主题的园林型田园。昌平是我国苹果的主产地之一，业主在建设公园时选择苹果文化是理智的、聪明的、恰当的。公园的确凸现着苹果文化，观光采摘区种植的是苹果，品种展示区展示的也是苹果，设施栽培区栽植的还是苹果，展览展示区、特别是苹果博物馆更是以文化的、艺术的形式来展览、展示苹果。

昌平苹果主题公园还是一个充分利用设施来形成景观、表现美的园林型公园。公园尽管以植物造景为主，但是，也充分地利用了设施，加以结合，加以互补，加以提升。设施的利用除了生产方面的棚架外，还有建筑、艺术方面的大门、苹果广场、苹果博物馆、会所和茶艺馆。这些设施不但各有造型，而且与整个公园协调一致，成为不可或缺的组成部分。

这无不表明，园林型田园也可包含文化的元素和设施的元素，园林型田园也可由于文化元素的利用而成为文化型田园，由于设施元素的利用而成为设施型田园。园林型田园景观、文化型田园景观和设施型田园景观是可以互相转化的，不同类型田园景观都是可以互相转化的。

尽管这样，与“菠萝的海”相比，昌平苹果主题公园是用人工法建造的，是用非农业动植物法建造的。

有一点是值得注意的，那就是尽管昌平苹果主题公园以苹果文化为主题，但其苹果文化几乎仅局限于苹果树上、苹果园中、苹果博物馆里，而并没有覆盖于整个公园或整个公园的主要项目，如公园布局、道路系统、建筑风格等。最为明显的则是公园的标志，所用石头仅为一般的石头，而看不出一点苹果的味道，更看不出一点苹果文化的味道（图6-2)。可以想象，若将这一标志做成苹果的形状，或体现苹果文化的抽象化、艺术化符号，无疑，其更具艺术性、审美性、文化性，达到雅俗共赏的效果。

第七章
田园科普设计

田园科普是田园景观的一种特殊形式，是田园景观以科普的方式存在和表现的形式。因此，田园科普设计就是从科普的角度来进行的田园景观设计。

第一节　田园科普的内涵与类型

田园科普是田园景观的一种特殊形式，但是，特殊在哪里却是值得探讨的。

一、田园科普的内涵

田园科普，从狭义上来说，指的就是以田园为载体，用农业生产来普及农业知识的科普活动方式；从广义上来说，指的则是以田园为载体，用农业生产及其过程、行为、工具来普及农业知识的科普活动方式。这里所研究的田园科普，指的是广义的田园科普。具体地，可从如下几方面来理解。

首先，田园科普以农业知识普及为内容。田园科普所普及的农业知识既有高新技术，也有传统技术，如基因育种技术是高新技术，常规育种技术是传统技术；既有作物知识，也有技术知识，如菠萝品种是作物知识，菠萝栽培是技术知识；既有生产内容，也有文化内容，如建设“吨糖田”是生产内容，讲解刀耕火种是文化内容；如此等等。一句话，包含农业各个方面、各种层次的知识。

其次，田园科普以田园为载体。田园科普，顾名思义，就是用田园来普及，用田园作载体。不过，这里的田园并不是狭义的，而是广义的，也就是上面所提到的。

再次，田园科普以农业生产及其过程、行为、工具为途径。即田园科普以农业生产及其过程、行为、工具作为普及农业知识普及的技术路线，不是纯粹的农业动植物，也不是纯粹的农业技术，更不是影片上的农业生产，而是实实在在的农业生产，是在进行着农业生产的农业动植物，是进行着农业生产的农业技术。当然，这里的生产是广义的，不仅指农业动植物的生长发育、开花挂果，农业技术的推广应用、产生作用，而还包括生产的过程、行为和工具等。水稻种在田上，生长发育着，分蘖拔节着，抽穗扬花着，让人们认识，认识它的生长发育，认识它的形态特征，是田园科普；水稻离开了田园，制成了标本，置放于展柜，让人们认识，认识它的形态特征，是科普，但不是田园科普。因为前者是农业生产，是在进行着农业生产，后者则不是。

最后，田园科普以旅游、观光、休闲为方法。科普已是习以为常的事情，通常采用办班培训、会议、资料、杂志、图书和影视等方法来进行，即使是传统的农业科普也大多如此，当然，也有采用田园试验、示范、表证的方法。然而，田园科普却不同，尽管也以田园为载体，但是，普及的方法却不是试验、示范、表证，而是旅游、观光、休闲，在旅游、观光、休闲中实现普及农业知识的目的。北京昌平苹果主题公园就是一个以苹果为主题，集栽培示范、良种繁育、果农培训、科普宣传、市民观光等综合功能于一体的农业观光园，特别是品种展示区、设施栽培区、展览展示区其主要功能就是科普，就是田园科普，或者可以说，通过旅游、观光、休闲来普及苹果及其文化知识。

二、田园科普的类型

农业的历史长、范围广、内容多、发展快、前景好，需要普及的知识多。不过，作为田园科普普及的农业知识，可以归纳为如下9类：

1. 作物种类知识普及

这里的作物是广义的。显然，作物种类知识普及就是这些广义的作物及其品种形态特征的普及，就是通过形态特征的展现，使人们认识各种作物及其品种。无疑，作物及其品种的形态包括其根、茎、枝、杈、叶、花、果和植株的形态。显然，这些形态的不同就是作物及其品种间在形态特征上的区别。

2. 作物栽培知识普及

这里的作物栽培也是广义的，指的是生产能满足人类对淀粉、脂肪、蛋白质等营养需求和甜、酸、苦、辣等品尝需求以及糖料、油料、木料等原料需求的产品的过程，包括水稻、甘蔗、玉米等农作物的栽培，包括菠萝、香蕉、西瓜等水果的种植，包括桉树、苦楝树、木麻黄等树木和玫瑰花、大红花、菊花等花卉的栽植，包括猪、牛、羊和鸡、鹅、鸭等畜禽的饲养，包括鱼、虾、蟹等水产品的养殖和捕捞。作物栽培包括备耕、种植、管理和收获等环节。也显然，作物栽培知识普及则是上述作物栽培过程的普及，就是通过栽培过程的展现，使人们认识各种作物的栽培。例如，水稻栽培一般经过整地、育秧、插植、施肥、灌水、除草、防虫、治病和收割等环节，因此，通过水稻栽培，就能让人们认识水稻栽培，认识水稻的整地、育秧、插植、施肥、灌水、除草、防虫、治病和收割等环节。

3. 栽培技术知识普及

这里的栽培技术同样是广义的。就是通过栽培技术的展现，使人们认识各种栽培的技术。例如，甘蔗地膜覆盖栽培技术，就是按照地膜覆盖技术和甘蔗生长特点，进行整地、下种、盖膜以及田间管理工作。无疑，在田园科普设计中，安排这一内容，人们就能通过甘蔗地膜覆盖栽培技术的操作和实施，认识这一技术。

4. 生产工具知识普及

这里的生产工具仍然是广义的，包括所有作为农业劳动主体手脚的延伸，用来作用于农业劳动对象，生产农业产品的各种工具和设施，包括锄头、镰刀、扁担和水桶等简单工具，包括喷雾器、风车、水车和手摇井等半机械工具，包括手扶机、拖拉机、机耕机和机井等机械工具，包括电子计算机、电子测肥器、电脑和网络等智能工具。例如，锄头是一种锄地的生产工具，由锄柄和锄刀两部分组成，使用者双脚前后摆开，双手抓紧锄柄，双臂用力挥动锄头，锄刀就能将田园的土壤切开，根系拔起，土块搞碎。这些就是锄头的特征特性及其使用方法，也就是在田园科普设计中可教给人们锄头这一生产工具的知识。

5. 作物新品种知识普及

所谓作物新品种，指的自然是上述作物的新品种。而所谓作物新品种知识普及，指的是上述作物新品种形态特征的普及，并着重于高产性、优质性和抗逆性等特征的普及。上面提到的新台糖10号，相对于粤糖63/237来说，就是新的优良品种，中早熟，皮硬，抗风，一般不抽穗开花，宿根性好，抗黑穗病、霜霉病、锈病、灼病，一般亩产可达6～7吨，11—12月份平均蔗糖分为14.22%。自然，通过田园科普设计，就能普及这一知识。

6. 先进实用新技术知识普及

所谓先进实用新技术知识，指的则是上述栽培技术中又先进又实用的新技术。而所谓先进实用新技术知识普及，指的就是这些技术的普及，当然，其普及的着重点在于这些技术的先进性、实用性和操作性。测土配方施肥就是一种先进实用的新技术，指的是利用测肥仪来测出土壤地力，然后根据作物相应生育期对养分的需求，施用相应的肥料，这样，既能满足作物的养分需求，又能节约用肥。显然，通过田园科普设计，就能普及这一知识，让人们了解其先进性、实用性和操作性，甚至掌握其操作方法。

7. 现代农业装备知识普及

如果说锄头是传统的农业生产工具的话，那么，机耕机就是现代农业装备了。因此，所谓现代农业装备，就是具有现代意义的农业生产工具和设备，不但具有现代性，而且具有先进性。其知识的普及，无疑就是其特征特性和操作方法的普及，更是其现代性、先进性的普及。就拿机耕机来说，不但要让人们认识其造型、构造，而且要让人们认识其功能、性能，认识其与锄头相比在耕地上的差异——速度上的差异、经济上的差异、质量上的差异。这就是机耕机的知识普及。

8. 农业发展知识普及

农业是最古老的产业，产生、形成于新石器时代，至今已有上万年的历史，经历了原始农业、传统农业和现代农业三大阶段，因此，其发展知识很值得普及。普及农业发展知识，关键在于各个历史时期代表事物的选择，如刀耕火种代表原始农业，区田法和代田法则能很好地代表传统农业，农业综合开发和农业标准化则能很好地代表现代农业。将它们设计到田园科普中，就能普及农业发展知识。

9. 农业文化知识普及

任何事物的产生与发展都会淀积出相应的文化，作为最古老的产业——农业——的产生与发展更会淀积出相应的文化——农业文化。笔者的研究表明，农业文化可分为资源文化、田园文化、行为文化、知识文化和精神文化等五个层次或五种类型。因此，在田园科普设计中，也应该设计农业文化，并应该从这五个方面来设计，以达到全方位普及农业文化。糯稻和籼稻是两种不同类型的水稻，而人们一般赋予糯稻以文化内涵，而不赋予籼稻。这样，在普及稻文化中，就应该选择糯稻。同时，糯稻所淀积的稻文化与其他农业文化一样，也形成资源文化、田园文化、行为文化、知识文化和精神文化等五个层次，因此，对糯稻的设计，也可从这五个层面设计。

第二节 田园科普美的形式与特征

田园科普是田园景观的一种特殊形式，因此，其美的形式与特征存在和表现着田园景观美的形式与特征，也在存在和表现着自身固有的形式与特征，也就是存在和表现着田园科普美的形式和特征。

一、田园科普美的形式

田园科普美在具有田园景观美的形式的同时，还具有如下 5 种形式的美：

1. 大田美

大田美，指的是在田园科普中，以大田生产来表现美的方式。

事实上，用田园来普及农业知识已经很传统了，高产试验，品种比较，技术示范，如此等等，无不都是用田园来普及农业知识，也无不都是传统的农业知识的普及方式。不过，值得注意的是，这些田园的面积都很小，大的不外几亩，一般一、二亩，小的仅几分地，就此来说，这些尽管有的也透现着美，但却充其量仅算田园美，而不具有大田性，更不具有大田美。

那么，田园科普之田园怎么样？田园科普之田园是真正意义的、完全意义的大田，面积连片上十亩、上百亩，甚至上千亩、上万亩，就这一点来说，与大田生产并没有什么两样，或者可以说，田园科普的确以大田的方式来表现美。

尽管这样，田园科普与大田生产是不同的，主要表现在内容上。那就是田园科普在进行着一般的、正常的农业生产的同时，还在进行着农业知识的普及；而大田生产则仅进行着一般的、正常的农业生产。在田园科普的田园，不但可看到甘蔗的根、茎、叶，看到高高挺拔的蔗茎，而且可看到粤糖 63/237 与新台糖 10 号在形态特征上的区别；而在大田生产的田园，则往往仅可看到甘蔗的根、茎、叶，看到高高挺拔的蔗茎。

田园科普的大田美总是表现着如下特点：一是田园集中连片，面积比较大；二是作物为大路作物；三是作物长势比较均匀一致；四是作物与田园、与周围环境构成和谐的统一体。上面提到的“菠萝的海”，若从田园科普设计的角度来看，这就是大田美了。

2. 新奇美

新奇美，指的则是田园科普通过农作物、特别是农产品在形状上、大小上、色彩上的新奇来表现美的方式。

田园科普主要是面对青少年的，因此，通过新奇来引发、吸引、满足青少年的好奇心是很必要的，也是十分应该的。就这一点来说，田园科普新奇美的创造主要是为了青少年。

显然，所谓新奇，就是通过农作物、特别是农产品在形状上、大小上、色彩上与传统的、习惯的不同。在形状上，抑或特别长，抑或特别短；抑或特别直，抑或特别曲；抑或特别圆，抑或特别扁；抑或特别正，抑或特别歪；如此等等。种植方形西瓜，就是将西瓜的形状从传统的圆形和椭圆形变成方形，形成新奇美；种植圣女果，则是将西红柿的大小从传统的拳头一般大小变成拇指一般大小，形成新奇美；种植多彩玉米，则是将玉米的颜色从传统的黄色变成五颜六色，形成新奇美。无疑，在田园科普设计上，通过这些，人们就会在新奇美的审读中了解作物的基本知识。

3. 差异美

所谓差异美，就是田园科普通过不同作物及其品种间以及不同技术作用下作物及其品种间的差异来表现美的形式。

在田园科普中，往往种植许多不同作物及其品种，以达到普及农业知识的目的。这些作物及其品种的生物特征不同、生理特征不同，并往往表现在形态上，表现在株型上、根系上、茎秆上、枝杈上、叶片上、花朵上和果实上，呈现出差异，形成差异美。的确，形态特征的差异会给人以美感。

农业知识普及有一个重要的内容，就是通过试验、示范、表证，推广新的品种、新的技术，具体就是通过新品种、新技术与当家品种、传统技术进行比较试验，找出新品种的丰产性、优质性、抗逆性和新技术的先进性，摸索新品种的栽培方法和新技术的使用方法。不过，传统的做法面积很小，这在上面已经提到。不过，当把这一做法放到较大的面积上时，就成为田园科普了。而田园科普这样做的实质就是比较，就是在比较中凸现差异，彰显差异美。方形西瓜与圆形西瓜、椭圆形西瓜相比较，是西瓜的栽培技术的不同及其结果的差异；圣女果与传统西红柿相比较，是西红柿的品种的不同及其结果的差异。

4. 原生美

所谓原生美，则是田园科普通过传统的作物、技术和工具的存在和演变来表现美的形式。

农业是最古老的产业，至今已有1万多年。在这一漫长的历史进程中，人们驯化了不少作物，育出了不少品种，研出了不少技术，造出了不少工具，并通过它们发展着农业。无疑，这些作物、这些品种、这些技术、这些工具不少已被更优良的作物和品种、更先进的技术和工具所取代，而成为过去，不再出现在现代农业中。然而，它们的曾经出现却是客观的实在，它们的曾经先进却是不争的事实，它们的曾经作用却是抹不去的印记，它们的启蒙、演绎、推动却更是历史的点滴。野生稻，经过栽培驯化成为栽培稻，栽培稻经过品种培育派生出一系列的优良品种；刀耕火种，是一种既落后又原始的技术，然而，正是它使人们懂得技术可以改变落后，并引发了一系列的技术革命；石锄，也是一种既落后又原始的工具，然而，也正是它使人们学会了制造和使用工具，并催生出更坚硬、更好用的铁锄，催生出既省工、省力又高效、快速的机耕机。这些作物、技术和工具都曾经美——领先于当时，都一直美——影响至今，从而存在和表现着原生美。

显然，在田园科普中，设计这些传统的作物、技术和工具，特别是代表性地、典型性地、系列性地设计这些传统的作物、技术和工具，就能让人们在原生美的欣赏之中，了解昔日的农业，理解今日的农业，憧憬来日的农业。

5. 知识美

通过农业知识的展现来表现美的一种形式，则是知识美，是田园科普的知识美。

笔者认为，知识美应具有如下三个特性：一是丰富性。即在田园科普设计中，所普及的知识是丰富的，包括作物种类、作物栽培、栽培技术、生产工具、农业发展和农业文化等知识。二是系统性。即在田园科普设计中，所普及的知识是系统的，如对新台糖优良品种的介绍，应包括新台糖1号、10号、16号、22号、25号系列品种。三是审美性。即在田园科普设计中，所普及的知识应具有审美性，也就是以知识为内容，以审美为形式，通过美的形式，来表现知识。叶倾角30度既是“吨糖田”甘蔗的长相，也是甘蔗叶可给人以美感的叶倾角度。当在田园科普设计中，栽植以上新台糖品种，并使它们的叶倾角统一为30度，那么，人们就至少可以在叶倾之美中了解这些品种。

二、田园科普美的特征

就像美的表现形式一样，田园科普美在具有田园景观美的特征的同时，还具有如下4个特征；

1. 普及性

普及性，指的是田园科普美以农业知识普及作为其存在和表现的特征。

普及性是田园科普美不容置疑的固有特性。当然，田园科普普及的是农业知识，包括作物种类、作物栽培、栽培技术、生产工具、农业发展和农业文化等各个方面，如甘蔗新品种新台糖10号和农业标准化栽培技术的示范、推广等。也当然，田园科普所依托的田园是大田，面积往往上十亩、上百亩，甚至上千亩、上万亩。

田园科普美的普及性在其他田园中是不具有的。在传统的田园中，准确地说，在田园试验的田园中，虽然也搞新品种、新技术、新肥料、新农药的试验、表证、示范、推广，即也搞农业知识普及，但是，其所依托的田园面积往往较小，一般仅一、二亩，少的仅几分地，同时，其普及的对象是基层农业科技人员和广大农民，而田园科普普及的对象虽然往往也包含基层农业科技人员，但是，主要却是广大城市居民，特别是青少年。一句话，田园科普的普及和传统田园的普及是完全不同的两回事。

在传统田园中是这样，在其他类型田园景观中也是这样。无疑，在一般的田园景观中，或在田园景观另外三种特殊形式——田园体验、田园养生和田园生活中，也可以学到农业知识，也可以认识作物的形态特征，了解作物的生长发育特性，学习作物的栽培技术，等等。然而，这些田园毕竟不是以农业知识普及为目的。田园景观设计的主要目的是营造可以引发人们审美情趣、愉悦人们审美心理、满足人们审美需求的田园景观；田园体验设计的主要目的是为人们提供进行农业劳动、获取农业劳动知识、体验农业劳动生活的对象、场所和环境；田园养生设计的主要目的是为人们提供回归自然、享受生命、修身养性、度假休闲、健康身体、治疗疾病、颐养天年的对象、场所和环境；田园生活设计的主要目的是将田园设计成人们日常生活的空间和场所。具体地，在这些田园可以看到新台糖 1 号，看到其形态特征，看到其形成的景观，但不一定能看到新台糖 1 号与新台糖 10 号的区别，也不一定能看到新台糖 1 号、10 号、16 号、22 号、25 号等系列品种。这就是田园科普与其他田园不同的具体所在。

2. 科技性

科技性，指的则是田园科普美的存在和表现依靠科技来支撑的特征。

田园科普有一个重要的普及内容，就是普及优良新品种、先进实用新技术和现代农业装备，如甘蔗新台糖系列品种、农业标准化栽培技术和水稻收割机等，让人们认识它们的形态特征，了解它们的技术原理，掌握它们的使用方法，通过它们的形态特征、技术原理和使用方法来存在和表现田园科普，存在和表现田园科普美。显然，若离开科技，也就意味着离开它们；若离开它们，也就无所谓优良新品种、先进实用新技术和现代农业装备的普及了，无所谓田园科普美的存在和表现了。

在其他田园景观一样存在着科技，存在着优良新品种的种植、先进实用新技术的应用和现代农业装备的使用，存在着甘蔗新台糖系列品种的种植、农业标准化栽培技术的应用和水稻收割机的使用。但是，却由于不是田园科普，不是以这些农业科技知识的普及为目的，而往往不集中，不普遍，不强烈。

3. 传承性

所谓传承性，指的是田园科普通过传承农业文化来存在和表现美的特征。

田园科普既普及先进的农业科学技术，也普及传统的农业知识；既普及优良新品种、先进实用新技术和现代农业装备，也普及昔日的品种、技术和工具；既普及甘蔗新台糖系列品种、农业标准化栽培技术和水稻收割机，也普及竹蔗、区田法和石锄。一句话，田园科普还传承农业文化，并借此来存在和表现美。

就像其他田园景观也存在着科技，依赖着科技一样，其他田园景观也存在着昔日的品种、技术和工具，依赖着昔日的品种、技术和工具。但是，主要却是通过当前的品种、技术和工具存在和表现，来营造田园的景观、体验的设施、养生的条件和生活的环境。

4. 集中性

所谓集中性，指的则是田园科普通过多种作物、技术和工具等农业知识来集中地存在和表现美的特征。

顾名思义，科普，就是各种科学知识的普及；田园科普，就是以田园为载体的科学普及，就是以田园为载体的各种农业知识的普及。这无不意味着，在田园科普的田园上往往集中地普及着各种各样的农业知识。

其他田园景观不具有传承性，也不具有集中性，虽是不同的问题，却是相同的原因。

建筑美、雕像美和书画美具有传承性，也具有集中性；园林美和盆景美不具有传承性，却具有集中性。北京的世界公园是建筑美的集中性的体现；雕像展和书画展却是雕像美和书画美的集中性的表现；园林美往往追求着动植物种类、特别是植物种类的多种多样；各种盆景的展示则往往使盆景呈现出千姿百态。

就此来说，传承性和集中性主要是田园科普与其他田园景观的区别所在。

第三节 田园科普设计应注意的问题

田园科普是田园景观的一种特殊形式，因此，在田园科普设计中必须采用田园景观设计的方法，遵循田园景观设计的原则。不过，田园科普设计毕竟是田园科普设计，即还必须注意如下问题：

一、相比较作物、技术和工具问题

在田园科普中，有一个重要的内容，就是试验、表证、示范、推广优良作物新品种、先进实用新技术和现代农业装备，这就势必涉及所试验、表证、示范、推广优良作物新品种、先进实用新技术和现代农业装备与参照的品种、技术和装备相比较问题。

显然，相比较之作物、技术和工具只有邻近才有利于比较，才有利于从比较之中看出它们之间的区别、差异，从而认识优良作物新品种的丰产性、优良性和抗逆性，认识先进实用新技术的科技性、先进性和效益性，认识现代农业装备的科技性、先进性和效益性，认识这些特征之所在及其表现。

基于此，在田园科普设计中，在设计相比较作物、技术和工具的时候，就应该考虑将相比较之作物、技术和工具设计在一起，安排在相邻的地方，也就是将甘蔗品种新台糖10号与粤糖63/237设计在一起，将农业标准化栽培技术与传统栽培技术设计在一起，将机耕机与锄头设计在一起，以利于比较，利于认识，利于普及。

二、同类型作物、技术和工具问题

在田园科普中，也有一个重要的内容，则是普及同类型作物知识、同类型技术知识和同类型工具知识，这就是同类型作物、技术和工具问题。

在田园科普中，普及新台糖 1 号、10 号、16 号、22 号、25 号等新台糖系列甘蔗品种，通过它们的形态特征和生长发育来让人们认识、了解，是同类型作物问题；普及喷灌、滴灌、微滴灌、膜下滴灌等节水技术，通过它们作用下的作物的形态特征和生长发育来让人们认识、了解，是同类型技术问题；普及机耕机、插秧机、除草机、收割机等农业机械，通过它们的造型、结构和操作来让人们认识、了解，是同类型工具问题。

在田园科普设计中，在设计同类型作物、技术和工具的时候，就应该像设计相比较作物、技术和工具一样，考虑将同类型作物、技术和工具设计在一起，安排在同一个地方，也就是将新台糖 1 号、10 号、16 号、22 号、25 号等新台糖系列甘蔗品种设计在一起，将喷灌、滴灌、微滴灌、膜下滴灌等节水技术设计在一起，将机耕机、插秧机、除草机、收割机等农业工具设计在一起，以利于区别，利于识别，利于普及。

三、同系列作物、技术和工具问题

在田园科普中，还有一个重要的内容，则是普及同系列作物知识、同系列技术知识和同系列工具知识，这就是同系列作物、技术和工具问题。

在田园科普中，普及竹蔗、爪哇 2878、台糖 134、粤糖 54/143、粤糖 63/237、新台糖系列品种等甘蔗品种，通过它们反映甘蔗品种的变迁和发展，是同系列作物问题；普及刀耕火种、区田法和代田法、农业标准化栽培技术和农业综合开发等农业技术，通过它们反映农业技术的变迁和发展，是同系列技术问题；普及石锄、铁锄、机耕机等农业工具，通过它们反映农业工具的变迁和发展，是同系列工具问题。

在田园科普设计中，在设计同系列作物、技术和工具的时候，则应该在像设计相比较同类型作物、技术和工具一样，考虑将同系列作物、技术和工具设计在一起，安排在同一个地方的同时，还应该考虑将同系列作物、技术和工具按一定的规律来加以排列，一般可按照时间顺序和先进程度来排列。具体地，在将竹蔗、爪哇 2878、台糖 134、粤糖 54/143、粤糖 63/237、新台糖系列品种等甘蔗品种设计在一起的同时，还依竹蔗→爪哇 2878→台糖 134→粤糖 54/143→粤糖 63/237→新台糖系列品种的顺序排列；在将刀耕火种、区田法和代田法、农业标准化栽培技术和农业综合开发等农业技术设计在一起的同时，还依刀耕火种→区田法和代田法→农业标准化栽培技术和农业综合开发的顺序排列；在将石锄、铁锄、机耕机等农业工具设计在一起的同时，还依石锄→铁锄→机耕机的顺序排列。这样，既利于区别，利于认识，又可表现变化，表现发展。

四、农业知识文字说明问题

普及农业知识，或田园科普，通过作物的形态特征和生长发育，通过技术作用的作物的形态特征和生长发育，通过工具的造型、结构和操作可实现，通过导游或农业科技人员的讲解也可实现。但是，仅这些往往都还不够，还必须通过文字，通过文字说明，特别是对青少年和文化素质较低的市民来说更是这样。

用文字来说明农业知识，来普及农业知识，自然应该以“普及”的形式，也就是必须坚持文字简明化的原则。所谓农业知识的文字简明化，或田园科普的文字简明化，就是用简单、明了、生动的文字来表述农业知识，或所需普及的农业知识。

关于简单，包含两层意思：一是用尽可能少的文字。详述虽然具体，但对游客来说更感兴趣的是一目了然，能了解即可。因此，在田园科普中，表述农业知识的文字应尽可能地少。二是尽可能用常用字。田园科普面对的对象主要是青少年和文化素质较低的市民，用常用字适合于大家，更适合青少年和文化素质较低的市民。这样，人们就不会因文化问题而看不懂。

关于明了，也包含两层意思；一是文字表述清楚。即所表述的农业知识，用词准确，造句规范，没有错字、别字，句子通顺、流畅，能够清楚地表述所需表述的农业知识。二是画龙点睛。即能够用恰当的字、词、句将所表述的农业知识的关键所在表述出来、凸现出来。

关于生动，指的则是所表述的农业知识应优美、生动，富有韵律。显然，做到了这一点，就能给游客以审美情趣，使游客能够在审美的享受中实现认识、了解、掌握农业知识。

因土配方施肥是一项先进实用新技术，指的是：“根据作物各生育期对养分及其比例的需求和土壤养分含量及其比例情况，施用相应的肥料。”在田园科普设计中，在用文字表述时，这样写虽具体，但不够简单，若改成如下文字就较为简单：“根据作物对养分的需求和土壤养分的含量施肥”，而写成“因土配方施肥”则提纲□领，写成“看作物，据土壤，施肥料”则富有诗意。然而，若写成“根据作物生长发育状况和土壤状况施肥”，虽简单，却含糊。因为作物生长发育状况除了包含作物的生育期之外，还包含作物的长势等；土壤状况除了包含土壤的养分含量外，还包含土壤的质地、水分系数和耕性等。

第四节　田园科普设计的案例与分析

分析田园景观设计采用“菠萝的海”和北京昌平苹果主题公园作为案例，分析田园科普设计采用长沙望城区百果园和丽江玉水寨作为案例。

一、案例一：长沙望城区百果园

案例

长沙望城区百果园于 1998 年由农业部和湖南省政府共同投资兴建，占地面积 1100 亩，种苗品种多，科技含量高，生态环境美，休闲配套全，是一座以赏花、尝果、品茶、垂钓为主题的现代农业高科技生态观光园，先后荣获“国家种苗龙头基地”、“国家农业旅游示范点”、“湖南省五星级休闲农庄”、“湖南省休闲农业示范点”、“湖南省科普教育基地”、“全省绿化先进集体”、“长沙市十佳乡村旅游点”、“长沙市五星级农庄”等荣誉称号（图 7-1、图 7-2、图 7-3）。

图 7-1

图 7-2

图 7-3

百果园视野开阔，空气清新，布局合理，林木有序，设施配套，一年四季，葱绿满眼，果茶满坡，百果飘香，湖光掠影，景色宜人，神似世外桃源。春有草莓、樱桃、明前茶，夏有枇杷、苹果、葡萄、桃、李、杨梅和瓜类；秋有板栗、梨子、猕猴桃；冬有埃及糖橙，蜜橘、脐橙。作物在电脑自动控制滴喷灌系统的滋润下茁壮成长，扬花争艳。镶嵌在园中的近 80 亩人工湖，湖水波光粼粼，湖边楼阁水榭、垂柳婀娜、石榴吐艳。

百果园还建有建筑面积 6000 平方米、客房 50 间（套）、标准床位 128 个、各类餐厅、包厢 300 余餐位、各类商务会议室、接待室多间的星级酒店，设有水果（蔬菜）自采、高尔夫球、骑马、垂钓、拓展训练、农家乐、棋牌、球类、健身、KTV 等 10 余种室内外娱乐项目。

百果园每年接待游客约 20 万人以上，特别是作为湖南省首批科普基地之一，与各大旅行社合作开展的学生科技游活动，取得较好的社会效益和经济效益。

［本案例（含图片）根据中国休闲农业网《长沙望城区百果园》（http：//www.crr.gov.cn：8090/Front/LMJPolicy/LMJPublicPropagandaShow.aspx？senicID＝48，2012-09-07）整理］

分析

长沙望城区百果园是一个以农业科普为主的农业观光园。普及的内容主要有二：一是以水果为主的作物。水果有草莓、樱桃、枇杷、苹果、葡萄、桃、李、杨梅、板栗、梨、猕猴桃、埃及糖橙、蜜橘、脐橙等，兼及茶叶和瓜类。二是节水技术。具体是电脑自动控制滴喷灌技术。

在设计上，有如下几个特点：一是注重田园风光。选择此起彼伏的山丘来建园区；园区中央建人工湖，有山有水；果茶林木成行成列；一年四季百果飘香。二是注意作物的季节性。春、夏、秋、冬四季都植有相应的作物，即不因季节而使园区逊色，季季都有看头。三是注意技术的先进性。即结合先进实用技术的普及，具体是结合电脑自动控制滴喷灌技术的普及，提高园区的技术含量。四是采用集中的方式来普及。以 1100 亩的土地，集中地普及草莓、樱桃、枇杷、苹果、葡萄、桃、李、杨梅、板栗、梨、猕猴桃、埃及糖橙、蜜橘、脐橙等水果，兼及明前茶等茶叶和瓜类等作物。五是注意观光休闲的配套建设。园区还设计有酒店等设施和水果（蔬菜）自采、高尔夫球、骑马、垂钓、拓展训练、农家乐、棋牌、球类、健身、KTV 等 10 余种室内外娱乐项目。

二、案例二：丽江玉水寨

案例

玉水寨是丽江纳西族中部地区的乐巴教圣地，也是丽江玉水寨生态文化旅游有限公司开发的一个国家 AAAA 级旅游景区。其自然景观和人文景观交相辉映，融为一体，堪称天人合一的生态文化旅游景区（图 7-4、图 7-5）。

图 7-4

图 7-5

自然景观：神龙三叠水瀑布群、三文鱼养殖生态观光、古树、玉龙山最大的神泉、高山草甸风光。

人文景观：东巴壁画廊、东巴始祖庙、肉石奇石馆、东巴画廊、白沙细乐展示、纳西族古建筑、传统生活展示（东巴民居、东巴造纸坊、东巴酿酒坊、古老织布生活、传统生产生活用品等）、东巴法事活动、传统祭祀场（东巴什罗殿、祭天、祭署（自然神）、祭风等场所）、东巴舞展示（纳西古乐《崩石细哩》、原始歌舞《仁美蹉》、《喂蒙达》、《谷气》、《呀哈里》、《勒巴舞》等）、纳西族传统水车、水碓、水磨房。

［本案例（含图片）根据云南省丽江玉水寨生态文化旅游有限公司《丽江玉水寨景区简介》（http：//www.yushuizhai.com/about/？8.html，2012－09－05）整理］

分析

丽江玉水寨也是科普，也是农业科普，也是田园科普，但与长沙望城区百果园不同。百果园以普及作物种类知识为主，兼及普及先进实用新技术知识；而玉水寨则以普及农业文化知识为主。具体地，玉水寨普及的是既古老又富有民族、地方特色的东巴文化。

在设计上，玉水寨有如下几个特点：一是以保护、传承为手段，以普及、利用为目的；二是注重原生态，做到地点的原生态、自然的原生态、文化的原生态、知识的原生态，在原生态的地点上营造原生态的自然，保护原生态的文化，普及原生态的知识；三是强调原生态自然的自然性和景观性的统一；四是强调原生态文化的保护和利用的统一；五是注意原生态文化的系统性、全面性和特色性。

第八章 田园体验设计

田园体验也是田园景观的一种特殊形式，是田园景观以体验的方式存在和表现的形式。因此，田园体验设计则是从体验的角度进行的田园景观设计。

第一节　田园体验的内涵与类型

作为田园景观的一种特殊形式，田园体验设计的关键自然是田园体验问题的揭示。只要田园体验问题揭示了，田园体验设计问题就迎刃而解了。

一、体验的一般问题

体验是什么？《现代汉语词典》的定义是：通过实践来认识周围的事物。不过，笔者认为，体验应包含如下几层含义：

体验是一种生活方式。一提起生活方式，人们自然会想到食、穿、住、行。的确，食、穿、住、行是生活方式，不同的食、穿、住、行可形成不同的生活方式。蒙古人习惯于住蒙古包，苗族人则习惯于住吊脚楼，就是不同的生活方式。然而，体验也是一种生活方式。到蒙古包中居住，到吊脚楼中居住，就会体验到居住蒙古包的味道，居住吊脚楼的味道，就会认识蒙古包的居住方式，认识吊脚楼的居住方式。这仅仅是表观层面的生活方式，深层的或本质的生活方式则应该是生命存在和表现的方式。体验仍然是生命存在和表现的方式。

体验又是一种获取知识的生活方式。体验是一种生活方式，这在上面已论述。但是，体验并不是一般的生活方式，而是一种获取知识的生活方式。对蒙古人来说，居住蒙古包是日常的事情，是熟悉的事情，虽是生活方式，但不是体验；对苗族人来说，居住吊脚楼也是日常的事情，也是熟悉的事情，虽也是生活方式，但也不是体验。作为体验的生活方式应该这样：一是这种生活方式从未经历过。对于从未在蒙古包、吊脚楼居住过的人来说，到蒙古包、吊脚楼居住，就能亲睹蒙古包、吊脚楼的模样，感受居住蒙古包、吊脚楼的味道，获取蒙古包、吊脚楼及其居住的知识，这就是体验。二是这种生活方式经历得很少。对于曾偶尔在蒙古包、吊脚楼居住过的人来说，再到蒙古包、吊脚楼居住，则能加深对蒙古包、吊脚楼的印象，加强对居住蒙古包、吊脚楼的感受，获取更多蒙古包、吊脚楼及其居住的知识，这也是体验。显然，这一体验的特点则是从不大认识到比较认识。

体验还是一种在获取知识的过程中可以实现审美情趣的生活方式。每一次的体验，特别是每一次成功的体验，都可以实现审美情趣，愉悦心情，享受生命。到蒙古包、吊脚楼去居住、去体验，可以感受其情趣，感受其不同于习以为常的家宅、居室的别有一番风味的情趣，使心情得以在别样的环境中释放。基于此，那些纯粹的劳动、生活、特别是不得已的劳动、生活却不是体验。

二、田园体验的内涵

田园体验指的是通过在田园中进行农业劳动，获取农业劳动知识，体验农业劳动生活的生活方式。具体地，包含如下几层含义：

田园体验以田园为载体。田园体验在田园中进行，自然以田园为载体。不过，这里的田园是广义的，也就是上面提到的。种植体验、田园管理体验、收获体验、品尝体验也好，农业劳动工具使用体验、农业投入品应用体验、农业劳动技能运用体验也好，都是可以在田园里进行的，也是可以在田园以外的地方进行的，特别是品尝体验和农业劳动工具使用体验。不过，只有在田园进行的，才是田园体验；否则，则不算是田园体验。

田园体验以农业劳动为手段。田园体验是一种农业劳动体验，是一种在田园中进行农业劳动所获得的体验。锄头是一种既传统又简单的农业劳动工具，其功能主要是锄地，也就是将土壤的表层锄松。显然，要实现这一目的，在地球上任一有土表露出的地方都可实现，但是，只有在田园中，在田园的劳动中,在将田园的表层锄松的劳动中，所获得的体验，才是锄头使用体验，才是锄头这一农业劳动工具的田园体验。

田园体验以获取农业劳动知识为目的。从上面的定义可知，大凡体验都以获取知识为目的。品茶体验以获取品茶知识为目的；打球体验以获取打球知识为目的；爬山体验以获取爬山知识为目的……田园体验也一样，以获取农业劳动知识为目的。种植体验要获取的是农作物种植知识，田间管理体验要获取的是农作物田间管理知识，收获体验要获取的是农作物收获知识，品尝体验要获取的是农产品品尝知识，加工体验要获取的是农产品加工知识。

田园体验以农业劳动生活为生活方式。体验是一种生活方式，作为体验类型之一的田园体验也是一种生活方式。不同的是，田园体验以农业劳动生活为生活方式。农业劳动生活，其特点之一是在田园中所进行的劳动是在优美的环境中进行的。其特点之二是在田园体验中所进行的劳动，包括种植、田间管理、收获和加工等，是生活方式化的，是一种生活方式。在家里吃水果是生活的内容之一。当在田园中摘果、尝果收到在家里吃果的效果的时候，就是田园体验，也就是劳动的生活方式化。

三、田园体验的类型

田园体验以农业劳动为手段。农业劳动无论是内容还是形式都是多种多样的，因此，田园体验也是丰富多彩的。不过，可以归纳为如下 8 种类型：

1. 种植体验

种植体验，指的是通过在田园中进行种植劳动，获取种植知识，体验种植生活的生活方式。例如，水稻的整地插植、甘蔗的开沟下种、树木的挖穴栽植就是种植劳动。通过这些劳动，就能获得这些知识，体验这些生活。

2. 田间管理体验

田间管理体验，指通过在田园中进行中耕、除草、施肥、灌水、防虫、治病等田间管理劳动，获取田间管理知识，体验田间管理生活的生活方式。例如，水稻的中耕、除草、施肥、灌水、防虫、治病等田间管理既是一种劳动，也是一种体验，还是一种生活。

3. 收获体验

收获体验，指通过在田园中进行农作物及其产品收获，获取收获知识，体验收获的生活方式。例如，水稻的收割、甘蔗的低砍、苹果的摘取都是收获，都是收获劳动，都是可以获取知识、体验收获的生活方式。

4. 品尝体验

到田园中去品尝自身种植或收获的农产品，就是品尝体验。客观地说，一般品尝和品尝体验所品尝到的农产品，其味道是相同的，但感受却不同。前者品尝的是他人的劳动成果，后者品尝的则是自身的劳动成果，前者品尝的仅仅是农产品的味道，后者品尝的除了农产品的味道外，还有自身劳动的果实。到农业观光园摘果、尝果，不但甜在嘴里，而且甜在心里。

5. 加工体验

这里的加工指的是初级加工、浅层加工，如将谷碾成米，将米磨成粉，又如将茶青加工成茶叶。显然，通过参与加工实践，可以获取加工知识，体验加工生活。

6. 农业劳动工具使用体验

这里的农业劳动工具是广义的，即除了锄头、镰刀、手扶机和拖拉机等工具外，还包括机井、棚架、管道和电网等设施。作为使用体验的农业劳动工具，既包括现在正在使用的，如锄头、镰刀、手扶机和拖拉机等，也包括现在已不使用或少使用的，如石牛、石磨和石砻等。如果说通过工具的使用可以获取工具使用知识，体验工具使用生活的话，那么，通过现在正在使用工具的使用便可以获取工具使用的一般知识，体验工具使用的一般生活，通过现在已不使用或少使用工具的使用则可以获取先辈工具使用知识，体验先辈工具使用的远古生活。

7. 农业投入品应用体验

这里的农业投入品，指的是肥料、农药、农膜等物资。这些农业投入品有一个共同的特点，就是直接投入于作物中、田园里，使土壤、气候、水和生物等农业自然资源更加有利于农作物的生长发育，有利于农作物生产品种多样、品质优良、营养丰富、口感适宜、卫生安全、外观美观的农产品。显然，亲手在作物中、田园里使用这些物资，就能获取其知识，体验其生活。氮肥有利于营养生长，钾肥有利于生殖生长，亲自尝试一下，使用一下，就能获得“百闻不如一见”的效果，心理的愉悦将不言而喻。

8. 农业劳动技能运用体验

这里的农业劳动技能，包括农业劳动的技术、方法和理论，包括远古技能、传统技能和现代技能。远古技能如刀耕火种，传统技能如区田法和代田法，现代技能如农业综合开发和农业标准化生产。无疑，通过这些技能的运用，既能获取农业劳动技能知识，又能了解、感知农业劳动技能发展。

第二节　田园体验情趣的形式与特征

像田园科普一样，田园体验也是田园景观的一种特殊形式，但并不以美的形式来存在和表现，而却以情趣的形式来存在和表现，并形成其固有的特征。

一、田园体验情趣的形式

就像田园科普美有其存在和表现的形式一样，田园体验情趣也有其存在和表现的形式。

1. 视觉情趣

视觉情趣，指在田园体验中，通过引发、满足人们视觉需求和享受来存在和表现情趣的方式。

在田园体验中，的确存在许多可以引发、满足人们视觉需求和享受的东西。作为田园体验的田园，农产品是美观的，作物植株是健美的，田园是美化的，即使是农业劳动工具和农业劳动技能也是美学化的。玉米是五颜六色的多彩玉米，而不是黄色的传统玉米；荔枝是树冠修剪成半球状的荔枝，而不是树冠自然生长的荔枝；田园是园林化的田园，而不是杂乱无章的田园。无疑，在这样的环境里，在这样的田园中，的确可以引发、满足人们的视觉需求和享受。

显然，要欣赏、品读树冠修剪成半球状的荔枝、园林化的田园必须到田园去，到作为田园体验的田园去，但是，欣赏、品读五颜六色的多彩玉米、拖拉机和测土配方施肥技术则不一定要到田园去。多彩玉米在市场上有，在酒家里有，在家里也可以有；拖拉机在道路上有，在车库里有，在其他可以行走或停放拖拉机的地方也可以有；测土配方施肥技术制成图表，可悬挂在教室里，可悬挂在办公室里。然而，不用说树冠修剪成半球状的荔枝、园林化的田园，也不用说拖拉机和测土配方施肥技术，即使是多彩玉米，在田园中，欣赏、品读的效果是不同的，不同于市场上的，不同于酒家里的，不同于家里的。

2. 听觉情趣

听觉情趣，指在田园体验中，通过引发、满足人们听觉需求和享受来存在和表现的情趣的方式。

在田园体验中，也的确存在许多可以引发、满足人们听觉需求和享受的东西。微风吹动作物发出的“沙、沙……”声，溪水流过山间发出的“潺、潺……”声，农具摩擦物体发出的“嚓、嚓……”声，还有牲畜的叫声、鸟儿的歌声、虫子的响声……这些声音无不构成一首首优美动听的田园乐曲，无不引发、满足着人们的听觉需求和享受。

一般来说，这些声音、这些田园乐曲在其他地方是无法听得到的。因为这些声音、这些田园乐曲往往只存在和表现于田园中，只存在和表现于作为田园体验的田园中。无疑，微风吹动作物发出的“沙、沙……”声，溪水流过山间发出的“潺、潺……”声，牲畜的叫声、虫子的响声等就是这样。这种听觉情趣或田园体验的听觉情趣往往只存在和表现于田园中，只存在和表现于作为田园体验的田园中。

当然，这些声音、这些田园乐曲有的在其他地方也是可以听得到的。但感受却完全不同，无法获得田园中、田园体验中的感受。这主要基于如下原因：一是情境不同。田园体验的听觉情趣是在田园中进行、获得的。二是身境不同。田园体验的听觉情趣是主体在田园中进行劳动的过程中进行、获得的。三是心境不同。田园体验的听觉情趣是主体有意识地、主动地、投入地在田园中进行劳动的过程中进行、获得的。

3. 嗅觉情趣

所谓嗅觉情趣，就是在田园体验中，通过引发、满足人们嗅觉需求和享受来存在和表现情趣的方式。

在田园体验中，同样的确存在许多可以引发、满足人们嗅觉需求和享受的东西。无疑，泥土的气味、作物的芳味、花果的香味应是这些东西的代表。

泥土的气味、作物的芳味、花果的香味以自然的方式存在、流溢、散发，融合于自然中，与自然构成和谐的统一体。这包含三层含义：一是这些味道来自于自然。泥土的气味、作物的芳味、花果的香味都来自于自然，来自于自然的泥土、自然的作物、自然的花果，不经过任何人为的作用。二是这些味道是自然的一部分。就像大自然由土壤、气候、水和生物等物体构成一样，田园这一自然物体在由土壤、沟渠、林带、道路和棚架等物体构成的同时，也包含着田园的味道，包含着泥土的气味、作物的芳味、花果的香味，包含着赤土的气味、稻秆的芳味、茉莉和芒果的香味。三是这些味道使自然的存在和价值得以升华。泥土的气味、作物的芳味、花果的香味，赤土的气味、稻秆的芳味、茉莉和芒果的香味依托田园，依托自然的田园，给人们以嗅觉情趣。

4. 身觉情趣

通过引发、满足人们身觉需求和享受来存在和表现的田园体验方式，则是身觉情趣。

在田园体验中，身觉的可能形式也有两种：一种是手脚的运动引起的身觉，如双脚的行走、双手的锄地等到都会引起身体的运动，产生身体的感觉；另一种是身体的直接运动引起的身觉，如睡网床、坐轿子等也都会引起身体的运动，产生身体的感觉。

因此，田园体验的身觉情趣在于：一是乡村道路、田园道路行走给身体带来的感觉，或者也可以说是乡村道路、田园道路情趣。显然，比较能体现情趣的要算田埂行走，特别是窄小田埂行走，身体的摆动、甚至跌倒，是硬底水泥路无法体验的。二是农业劳动工具使用给身体带来的感觉，或者也可以说是农业劳动工具情趣。这一情趣无疑可以从作为调控中心的身躯如何调控四肢，使其协调、和谐地运动中体现。三是农民生活用品使用给身体带来的感觉，或者也可以说是农民生活用品情趣。在树下睡网床，既阴凉又透气，既可静又可动，有如小孩的摇床，有如孩时的记忆，有如童心的情趣。

5. 用觉情趣

在田园体验中，通过农业劳动工具的使用、农业投入品的应用和农业劳动技能的运用等，也可引发和满足人们的需求和享受，产生和形成相应的体验情趣。这就是用觉情趣。

农业劳动工具使用的用觉情趣主要表现在两方面：一是不同农业劳动工具的使用。都是锄地的工具，铁锹适合锄较坚硬的土地，月锄却适合锄较疏松的土地。如果说铁锹和月锄的使用可以产生、形成不同类型锄地工具的用觉情趣的话，那么，铁锄和石锄的使用则可以产生、形成不同科技含量锄地工具的用觉情趣。二是农业劳动工具不同用途的使用。都是锄头，可以用来锄地，将土地表层锄松；也可以用来挖穴，将土地表层挖成坑；还可以用来起畦，将土地表层起成畦……如果说用锄头来锄地，用觉情趣表现的是力的作用的话，那么，用锄头来挖穴，用觉情趣表现的则是除了力的作用外，还有技巧（挖穴技巧）的运用，而且这种技巧更富有技术性。

农业投入品包括种子、肥料、农药、农膜等。如果说种子可以直接利用本身的生理机能，通过与土壤、气候、水和生物等农业自然资源的作用，生长发育，生产农产品的话，那么，肥料、农药、农膜等农业投入品的应用，则可使土壤、气候、水和生物等农业自然资源的不足得以改善，变成相对适宜农作物的生长发育，生产农产品。基于此，种子这一农业投入品的用觉情趣直接通过其本身的生长发育，生产农产品来表现；肥料、农药、农膜等农业投入品则通过作用于农作物的生长发育，生产农产品来表现。

农业劳动技能包括技术、方法和理论。如果说肥料、农药和农膜等农业投入品可以使土壤、气候、水和生物等农业自然资源的不足得以改善的话，那么，农业劳动技能的运用则可以使作物充分地利用土壤、气候、水和生物等农业自然资源。显然，农业劳动技能运用的用觉情趣以两种方式来进行：一是不同类型农业劳动技能。喷灌和滴灌都是节水技术，但各有所长，运用之，不但可知道其操作方法，而且可进行对比，既在操作中获得情趣，也在比较中获得情趣。二是不同水平农业劳动技能。刀耕火种、区田法和农业综合开发都是农业技术，不过，却是不同水平的农业技术。显然，它们的运用，也像喷灌和滴灌技术的运用一样，不但可知道各自的操作方法，而且可进行对比，既在操作中获得情趣，也在比较中获得情趣。

6. 悟觉情趣

田园体验不但可产生、形成视觉情趣、听觉情趣、嗅觉情趣、用觉情趣等，而且可升华、形成一种理性层面、文化层面、哲学层面和精神层面的情趣，这就是悟觉情趣。

悟觉情趣不是一种直接接触产生、形成的情趣，但却通过这些情趣的间接作用，升华、形成一种理性层面、文化层面、哲学层面和精神层面的情趣。

二、田园体验情趣的特征

以情趣的形式来存在和表现的田园体验情趣具有农业性、体验性、情趣性和生命性等四个特征。

1. 农业性

农业性，指的是田园体验情趣以农业作为进行体验、获取情趣的对象的特性。

田园体验指的是通过在田园中进行农业劳动，获取农业劳动知识，体验农业劳动生活的生活方式。可见，田园体验情趣是以农业作为进行体验、获取情趣的对象的，载体——田园——是，手段——农业劳动——是，目的——农业劳动知识——是，情趣——农业劳动生活——是。采摘瓜果是目前比较流行的一种田园体验，它就是到田园去，在田园里采摘作物的瓜果，将生活的时空定格于瓜果田园中，将生活的方式定格于采摘瓜果中。

其实，可以进行体验，获取情趣的对象有许多，或者可以说，一切事物都可以作为进行体验、获取情趣的对象。炼铁可以，经商可以，教书可以；骑车可以，驾车可以，航船可以；登山可以，滑雪可以，游泳可以；下棋可以，打牌可以，游戏可以……这一切都可以是一种体验，也可以是一种情趣，但是，它们都不是以农业作为对象。

2. 体验性

体验性，指的是田园体验情趣通过田园体验的方式来获取的特征。

田园体验和一般的农业劳动都是劳动，但田园体验还是体验，而一般的农业劳动仅仅是劳动。体验是对陌生或比较陌生事物的尝试、认识、了解和掌握的过程，劳动则是劳动主体运用劳动技能，通过劳动工具，作用劳动对象，实现劳动目的的过程。对于经常锄地和割稻或已掌握锄地和割稻技术的农民来说，锄地和割稻是一般的农业劳动；而对于未锄过地和未割过稻或很少锄地和割稻或尚未掌握锄地和割稻技术的城市居民、特别是青少年来说，锄地和割稻则是田园体验。

3. 情趣性

所谓情趣性，就是田园体验情趣以获得情趣作为田园体验的目的的特征。

田园体验既是劳动的过程，也是体验的过程，更是情趣的过程，其最终目的在于获取情趣。具体表现在：一是田园体验是一种从未经历到经历的过程。对于从未锄过地和割过稻的城市居民或青少年来说，到田园里锄地、割稻，就是一种从未经历到经历的过程。二是田园体验是一种从未认识到认识的过程。对同一群体的城市居民或青少年来说，到田园里锄地、割稻，特别是一而再、再而三地到田园里锄地、割稻，就是一种从未认识到认识的过程。三是田园体验是从未掌握到掌握的过程。对以上同一群体来说，到田园里锄地、割稻，特别是多次到田园里锄地、割稻，就是一种从未掌握到掌握的过程。四是田园体验是从未经历、未认识、未掌握农业劳动到经历、认识、掌握农业劳动的过程。对虽锄过地但不在田园里锄过地的城市居民或青少年来说，到田园里锄地，就是一种从未经历、未认识、未掌握农业劳动到经历、认识、掌握农业劳动的过程。

4. 生命性

所谓生命性，就是田园体验情趣以田园体验作为生命存在和表现的方式的特征。

事实上，许多时空都可以为生命所存在和表现。卧室可以，家宅也可以；机关可以，厂矿也可以……不是吗？赤道有人居住，北极有人留迹；马里亚纳海沟有人探过，珠穆朗玛峰有人登过；太空高、太空远，人类不是已翱翔了吗？

尽管这样，并不是可为生命存在和表现的时空都能为生命所乐意存在和表现，都能成为生命理想存在和表现的时空，因为这些时空存在着许多不利于生命存在和表现的因素。高山缺氧，海底压高，赤道太热，北极太冷。

然而，田园这一空间却能为生命所乐意存在和表现，却能成为生命理想存在和表现的空间。首先，田园的自然性可为生命的存在和表现提供舒适的空间。田园具有自然性，是创化的自然物体，是人化的自然物体，是生态的自然物体。在田园中，空气是清新的，视野是开阔的，环境是绿色的，加上农业动植物的勃勃生机，自然可成为生命存在和表现的舒适空间。其次，田园的多样性可为生命的存在和表现提供丰富的对象。田园是多样的，有田园，有作物，有农产品，有农业劳动工具；而这些也是多样的，这就无不为生命的存在和表现提供丰富的对象，使种植体验、田间管理体验、收获体验、品尝体验、加工体验、农业劳动工具使用体验、农业投入品应用体验和农业劳动技能运用体验等田园体验成为可能。最后，田园的亲和性可为生命的存在和表现提供一体的条件。田园是亲和的，可为作物的生长发育提供载体，可将土壤、气候、水和生物等自然要素有机地融为一体，形成农业存在和发展的实在和空间。显然，人类也能在其中存在和表现，并在其亲和力的作用下形成和谐的统一体。

第三节　田园体验设计应注意的问题

田园体验也是田园景观的一种特殊形式，因此，田园体验设计也应像田园科普设计一样，在采用田园景观设计方法和遵循田园景观设计原则的同时，注意如下几个问题。

一、田园性与园林性相结合

在田园体验中，田园不但是劳动的场所，是种植农作物的场所，是从事农业生产的场所，而且是实现审美的场所，是获取体验的场所，是进行生活的场所。

这样，在田园体验设计中，必须做到田园性与园林性相结合。所谓田园性，就是田园体验在内容上完全是在田园里进行着真正意义的农业生产，种植高产优质的农作物，生产高产优质的农产品。所谓园林性，就是田园体验在形式上进行着园林意义的审美享受。所谓田园性与园林性相结合，则是田园体验在园林一般的田园上进行真正意义的农业生产，并通过此，实现内容与形式的统一，实现审美享受。

显然，做到田园性与园林性相结合的关键，在于建设园林化的田园，并在其上开展田园体验。哈尼族梯田很好地实现了生产性、生态性与审美性的统一。

二、真实性与虚拟性相结合

田园体验是一种真实的劳动，所使用的农业劳动工具是真正的，所应用的农业投入品也是真正的，所运用的农业劳动技能还是真正的，所进行的种植、田间管理、收获和加工等同样是真正的，但是，这种真实、真正又不完全等同于一般的劳动和农业生产，即还是一种体验。锄地是一种田园体验，所用的锄头是真正的锄头，所进行的锄地也是真正的锄地，也是将田园的表土锄松，也是为了种植农作物而将田园表土锄松。不过，此时此刻，还体验锄地，体验锄地这一劳动，体验锄地是如何通过锄头的使用，作用于田园表土，而将其锄松，从中获取知识，获得情趣。

基于此，在田园体验设计中，必须做到真实性与虚拟性相结合。所谓真实性，就是田园体验所进行的劳动与一般的农业劳动在内容上是相同的，在真正的田园，使用真正的农业劳动工具，应用真正的农业投入品，运用真正的农业劳动技能，进行真正意义上的种植、管理、收获和加工。所谓虚拟性，就是田园体验通过劳动不但收到一般劳动的效果，而且还收到一般劳动所没有收到的效果——体验。所谓真实性与虚拟性相结合，则是田园体验以农业为目标，以体验为形式，在真正的田园上，进行真正意义的农业劳动。

无疑，要做到真实性与虚拟性相结合，关键在于在确保“真实”的前提下，增加一些“虚拟”的要素。例如，在锄头的锄柄上画上一些花、草、虫、鸟，这对青少年来说，无不会增强其体验的趣味。又如，在比较疏松的田园里开展锄地体验，对没锄过地或很少锄地的城市居民来说，既可使他们能将田园锄松，又不至于太吃力，从而达到在锄地中获得情趣的目的。

三、劳动性与愉悦性相结合

在田园体验中，种植、管理和收获等既是劳动的过程，也是享受的过程，在田园体验中，上面提到的锄地，是一种劳动过程，是一种将田园表土锄松的过程，是一种为了种植农作物而将田园表土锄松的过程。但是，也是一种享受的过程，是一种体验锄地的过程，是一种通过锄地获取锄地知识、获得锄地情趣的过程。

因此，在田园体验设计中，必须做到劳动性与愉悦性相结合。所谓劳动性，就是田园体验的本质是劳动，通过种植、管理和收获等劳动的形式，来实现田园体验。所谓愉悦性，就是田园体验所进行的劳动，并不像一般的劳动那样，仅仅是时间、体力和精力的付出，而是在时间、体力和精力的合理、科学支配下，通过劳动这一形式，获得知识，体验劳动，实现愉悦，满足心理对劳动知识和技能的需求。所谓劳动性与愉悦性相结合，则是田园体验以愉悦为目标，以劳动为手段，合理、科学地支配时间、体力和精力。

要做到劳动性与愉悦性相结合，关键在于所选择、设计的项目所需的劳动强度不大。例如，田园土壤比较疏松，易于耕作，作物比较粗生，易于管理，产品比较易收，易于收获。这样，人们就能够在比较轻松中劳动，就能够用较短的时间、较小的体力和较少的精力，获取知识，体验劳动，实现愉悦。

四、生产性与生活性相结合

田园体验既是生产，也是生活。作为生产，田园体验与一般的田园生产在本质上并没有什么区别，也是从事种植、管理和收获等劳动，也是通过利用农业动植物的生理机能，与土壤、气候、水和生物等自然资源作用，生产能满足人类营养需求、品尝需求和原料需求的农产品。作为生活，田园体验与一般的生活在本质上并没有什么区别，也与吃、穿、住、行一样，为生命提供能量、健康、娱乐、审美和享受等物质的和精神的满足。所不同的只是生活空间和形式的不同和变换。

因此，在田园体验设计中，必须做到生产性与生活性相结合。所谓生产性，就是田园体验设计必须从有利于生产的角度出发，设计田园，营造农业生产的场地。所谓生活性，就是田园体验设计在做到有利于农业生产的同时，还必须从有利于生活的角度出发，设计田园，营造人们生活的场地。所谓生产性与生活性相结合，则是同时从生产和生活的角度出发，从既利于生产、也利于生活的角度出发，设计田园，营造既适合农业生产，也适合人们生活的场所。

在田园体验设计中，要做到生产性与生活性相结合，关键是在于在田园设计中有机地、恰如其分地加入一些生活的元素，使田园及其设施生活化。田园道路是一种田园设施，从生产的角度来说，适宜人机出入是设计的要求，而做到适宜人机出入的关键是道路的宽度和硬度，宽度使机械能通行，硬度使机械得以支撑；从生活的角度来说，适宜人行是设计的要求，而做到适宜人行的关键是清洁、卫生和有绿化带，清洁、卫生给人以舒适，绿化带给人以环保。因此，在田园道路设计时，设计成适宜人机出入的硬底化水泥路，加以清洁、卫生，并植上不影响田园作物生长发育的绿化带，就是做到生产性与生活性相结合的田园体验设计。当然，还可体现在其他方面，如将房屋、坐椅、音乐、品尝等生活元素设计到田园中。这样，人们就会在一般的生产中体验田园劳动，体验田园生活。

第四节　田园体验设计的案例与分析

可作为田园体验设计的案例有许多，在此，仅采用御香观光采摘园、福朝生态园和傅家边生态农业园来作为案例。

一、案例一：御香观光采摘园

案例

御香观光采摘园地处北京香山风景旅游区，隶属于北京一品香山农产品销售有限责任公司，属村集体所有制单位，占地400亩，以生产高产、优质、高效、生态、安全的产品为最终目的，所产果品统一使用“一品香山”商标（图8-1、图8-2）。

御香观光采摘园由柏油路形成三纵三模的格

图 8-1

图 8-2

局，设有三处共 80 个车位的停车场，并配置 2 辆供游人专用的电瓶车；园内东、西两端各建有 1 座木屋式旅游接待服务中心；中心之间的路边设有木制科普长廊、儿童乐园、动物乐园、农具展和北京市农村实用人才成果展；园区北端建有一大型而风格别致的餐饮服务设施，前面为水面广场；园中建有 24 栋以色列大棚和 60 栋日光温室。

御香观光采摘园主要开展水果采摘活动。12 月 20 日至翌年 6 月 1 日以草莓、桑葚为主；5 月 1 日至 6 月中旬以西瓜为主；5 月 15 日至 6 月底以樱桃为主；6 月 5 日至 8 月以李子、杏为主；6 月 20 日至 10 月 1 日以桃为主；9 月中旬至 12 月以冬枣、红果、海棠、樱桃苹果为主。

[本案例（含图片）根据北京乡村旅游网《御香观光采摘园》（http://ly.bjnw.gov.cn/xxny/gggy/200909/t20090929_189958.html，2013-09-20）整理]

分析

御香观光采摘园是一个以采摘体验，也就是收获体验为主的园区。不过，为了使园区活动不至于过于单调，还同时设置观光、科普长廊、儿童乐园、动物乐园、农具展和北京市农村实用人才成果展等项目。

御香观光采摘园充分地运用现代科技和选用水果品种，使采摘体验既得以丰富多彩，又可以四季进行。园区兴建24栋以色列大棚和60栋日光温室，发展设施农业，使水果生产环境可以进行人工调控，从而确保水果生产能朝着人们需求的目标健康发展。园区选择草莓、桑葚、西瓜、樱桃、李子、杏、桃、冬枣、红果、海棠、樱桃苹果等多种既优良、时尚，又生育期不同的水果品种，使水果品种丰富、四季飘香，从而确保水果采摘体验的丰富性、四季性。

采摘是一种体验，一种田园体验，一种收获体验。其丰富性愈强，体验的情趣愈浓，愈能吸引参与体验的人们；其四季性愈强，体验的时空愈多，愈能使园区长盛不衰。御香观光采摘园做到了这一点。

二、案例二：福朝生态园

案例

福朝生态园位于南京市六合区竹镇镇丰乐村，占地500亩，是一个以葡萄为主题的休闲度假园（图8-3）。

在福朝生态园，500米的葡萄观光长廊贯穿园区，配套设有葡萄酒酿制设备和可同时容纳200人就餐的生态园餐厅。

在福朝生态园，可漫步葡萄园，享受宁静淡然

图 8-3

的心情；可亲手采摘葡萄，体验作物收获的情趣；可认养葡萄藤，体验田园管理的生活；可参与葡萄酒酿制，体验产品加工的过程；可品尝葡萄和葡萄酒，体验田园品尝的味道。

[本案例（含图片）根据南京市农业委员会《福朝生态园》（《南京休闲农业游》，南京市农业委员会，2012：32）整理]

分析

福朝生态园是一个完全意义的田园体验设计，尽管它还设计有生态园餐厅。

福朝生态园在设计上有两大特色：一是以葡萄为主题；二是围绕葡萄这一主题设计系列田园体验项目，包括收获体验、田园管理体验、加工体验和品尝体验。

田园体验者可以通过参与这些体验，获得如下情趣：一是视觉情趣——欣赏葡萄及其景观；二是听觉情趣——倾听葡萄酒酿制过程发出的声音；三是嗅觉情趣——闻尝葡萄和葡萄酒的香味；四是口觉情趣——品尝葡萄和葡萄酒；五是手觉情趣——采摘葡萄和使用葡萄酒酿制工具；六是脚觉情趣——漫步葡萄园；七是头觉情趣——头不时碰着棚架上悬挂的葡萄；八是用觉情趣——运用葡萄田园管理技术和葡萄酒酿制技术；九是悟觉情趣——悟出葡萄产业的发展是葡萄及其加工科技进步的结果。

这无不启示：田园体验设计的关键在于选题好，主题突出，项目配置。只要做到了这一点，就能进行多种体验，获取多种情趣。

三、案例三：傅家边生态农业园

案例

傅家边生态农业园位于南京市源水县洪蓝镇，创建于1994年，核心区面积12.8平方千米，是江苏省最大的有机果园、江苏省十个省级重点农业科技园区之一、国家AAA级风景区、首批全国休闲农业与乡村旅游示范点，获得有机认证土地5200亩（图8-4、图8-5、图8-6）。

傅家边生态农业园以经济林果为主导产业，建

图8-4

图8-5

图 8-6

有梅品园、草莓园、农家乐园、百果园、牡丹园、珍禽园、市民菜园、阳光嘉园、垂钓中心、日本梨园、千亩五彩葡萄采摘园、植物组培中心、茶叶加工展示中心、果品加工展示中心，办有“梅花节”、“草莓节”、“采果节”和“农家美食节”。

[本案例（含图片）根据南京市农业委员会《傅家边生态农业园》（《南京休闲农业游》，南京市农业委员会，2012：36）整理]

分析

如果说御香观光采摘园是以多种作物（多种水果）进行同一体验（采摘）；福朝生态园是以一种作物（葡萄）进行多种体验的话，那么，傅家边生态农业园则是以多种形式进行多种体验。

就形式来说，傅家边生态农业园有“园”的形式，也有“展示”的形式，还有“节”的形式。“园”的形式如梅品园、草莓园、农家乐园、百果园、牡丹园、珍禽园、市民菜园、阳光嘉园、日本梨园和千亩五彩葡萄采摘园等；“展示”的形式如茶叶加工展示中心和果品加工展中心等；“节”的形式如梅花节、草莓节、采果节和农家美食节。即使是“园”，也有水果园、花卉园、家禽园、市民园和饮食园。水果园如梅品园、草莓园、百果园、日本梨园和千亩五彩葡萄采摘园；花卉园如牡丹园；家禽园如珍禽园；市民园如市民菜园；饮食园如农家乐园和阳光嘉园。

就体验来说，有种植体验、田间管理体验、收获体验、品尝体验、加工体验、农业劳动工具使用体验、农业投入品应用体验和农业劳动技能运用体验。在市民菜园，可以进行种植体验、田间管理体验、收获体验、品尝体验、农业劳动工具使用体验、农业投入品应用体验和农业劳动技能运用体验；在梅品园、草莓园、百果园、日本梨园和千亩五彩葡萄采摘园，可以进行收获体验和品尝体验；在茶叶加工展示中心和果品加工展示中心，可以进行加工体验；在其他园区，还可进行其他体验。

如果说御香观光采摘园可以让人们充分地、多维地体验采摘情趣，福朝生态园可以让人们充分地、多维地体验葡萄情趣的话，那么，傅家边生态农业园则可以让人们充分地、多维地体验田园情趣。

第九章
田园养生设计

田园养生同样是田园景观的一种特殊形式，是田园景观以养生的方式存在和表现的形式。因此，田园养生设计则是从养生的角度进行的田园景观设计。

第一节　田园养生的内涵与类型

既然田园养生设计是从养生的角度来进行的田园景观设计，那么，田园养生设计的关键就是养生和田园养生的揭示，应该从养生和田园养生的揭示中着手。

一、养生的一般问题

养生是什么？养生是生命的养护，包含如下五层意思：

养生是健康身体的过程。客观地说，完全健康的身体是不存在的，金无足赤说的就是这一道理。不过，符合一定指标要求的身体却是存在的，而符合健康指标要求的身体就是健康的身体。在此，笔者不打算讨论健康的指标，打算讨论的是健康身体的两层含义：一层是健康身体的保持。即通过调理等各种途径，让健康的身体一直保持下去，不让其生病。另一层是不健康或不甚健康的身体的康复。即通过治疗等各种方法，使不健康或不甚健康的身体康复，除去疾病，变成健康。显然，这就是养生。

养生是舒服身体的过程。身体充其量只是自然的构成要素之一，总是存在于某一时空中。当这一存在或这一存在方式与其所存在的时空相协调时，身体就舒服；否则，身体就不舒服。立是身体的一种存在方式，但立久了双脚会不舒服；坐也是身体的一种存在方式，但坐久了臀部也会不舒服。这就需要调整、调剂、调理，也就是养生了，使身体舒服，使身体处于舒服之中，使身体尽可能处于舒服之中。

养生是愉悦心情的过程。在身体存在的时空中，其各种要素的直接作用不但可给身体带来舒服与否的影响，而且还可给心情带来愉悦与否的感受。阅读名著往往会带来愉悦，背诵古文则往往不会；观光旅游往往会带来愉悦，爬山越岭则往往不会；田园体验往往会带来愉悦，吞吃苦药则往往不会。作为养生，就应该是阅读名著、观光旅游、田园体验、品尝水果、哼唱小调、聆听涛声，而不应该是背诵古文、爬山越岭、田园劳动、吞吃苦药、破口骂天、偶听笛声。

养生是延年益寿的过程。延年益寿是人们的愿望，更是这一愿望驱动下的行为及其表现。讲究起居，讲究饮食，讲究穿着，是这一行为的表现；洪昭光健康报告所引起的狂热和轰动，既是其科学价值的彰显，也是这一愿望的共鸣；对百岁老人的宣传报道，发给津贴，甚至载入史册，是一种尊重，更是一种标杆。这些就是养生，因为这些都是追求延年益寿的过程。

养生是阐释生命的过程。健康身体也好，舒服身体也好，愉悦心情也好，延年益寿也好，都不是最终目的，最终目的是阐释生命。养生是阐释生命的过程。作为生命，即使身体是健康的、舒服的，心情是愉快的，寿命是较长的，但如果无所作为，那么，仍然显得是无意义的，甚至可以说，与行尸走肉并没有什么区别。也就是，生命是需要阐释的，更需要在养生之中阐释，需要在健康的身体、舒服的身体、愉悦的心情、长寿的时空中阐释。所谓生命的阐释，就是生命潜存能量最大的释放，也就是才能的发挥和表现。如果说袁隆平研究杂交水稻的成功是其潜存能量的发挥和表现的话，那么，超级稻一个又一个目标的实现则是其潜存能量的充分发挥和表现。

二、田园养生的内涵

那么，什么是田园养生？基于以上对养生的理解，笔者认为：田园养生，指的是以田园为生活空间，以农作、农事、农活为养生手段，以回归自然、享受生命、修身养性、度假休闲、健康身体、治疗疾病、颐养天年为养生内容，以农业生产和农村经济发展为养生目标的一种生活方式。具体地，包含如下几层含义：

田园养生以田园为养生空间。这里的田园指的则是广义的田园，也就是上面提到的田园，包括整个农村地区，包括农村中的所有部分，包括田园、村庄和自然三大块。不过，既然是田园养生，应以田园为主。人类的养生空间有许多，有城市，有山水，有城市里建的健身房，有山水间建的疗养院，但只有在以田园为主的乡村里、在以田园为主的农村的田园、村庄和自然中进行的养生，才是田园养生。

田园养生以农作、农事、农活为养生手段。这里的农作也是广义的，指的是农业生产和农村经济活动，包括作物栽培、树木栽植、畜牧饲养和水产品捕捞、养殖，以及农产品加工、建筑、流通、服务等。农事仍是广义的，指的是农村中除农业生产和农村经济活动之外的其他一切社会事务，包括政治活动、村庄建设、乡风文明和宗教信仰等。农活同样是广义的，指的则是农村中的日常生活，包括食、穿、住、行等。田园养生就是强调必须在乡村里，在田园中，从事农作、农事、农活，而并非纯粹在乡村居住，更不是将城市的生活方式搬到乡村去。

田园养生以回归自然、享受生命、修身养性、度假休闲、健康身体、治疗疾病、颐养天年为养生内容。田园养生既是劳动，也是养生，通过从事农作、农事、农活等劳动，进行回归自然、享受生命、修身养性、度假休闲、健康身体、治疗疾病、颐养天年等养生。采茶作为劳动，讲究的是采茶的速度、数量和质量，如茶农；作为生活，则不过分强调采茶的速度、数量和质量，而在保持一定的、必要的速度、数量和质量的基础上，追求采茶知识的认识、劳动的锻炼、技能的掌握、乐趣的获得，如游客。前者采茶就是一种劳动，一种纯粹的劳动；后者采茶则是一种生活，一种生活方式化的劳动。显然，只有后者采茶才能进行回归自然、享受生命、修身养性、度假休闲、健康身体、治疗疾病、颐养天年，实现养生。

田园养生以农业生产和农村经济发展为养生目标。田园能养生，从事农作、农事、农活能养生，能够实现回归自然、享受生命、修身养性、度假休闲、健康身体、治疗疾病和颐养天年。但是，这些并不是田园养生的最终目的。田园养生的最终目的是农业生产和农村经济发展。因为田园养生不但以农业生产和农村经济活动、特别是以农业生产活动为主要的生活内容，而且主要通过农业生产和农村经济活动、特别是主要通过农业生产活动来达到养生的目的。

三、田园养生的类型

上面提到，田园养生以回归自然、享受生命、修身养性、度假休闲、健康身体、治疗疾病、颐养天年为养生内容。其实，这些养生内容从分类的角度来看，就是田园养生的类型了。

1. 回归自然

人类最初生活在自然之中，生活在原始森林之中，人类无不具有回归自然的天性，以期与大自然融合在一起，享受大自然之天然乐趣。显然，在回归自然中，田园自然成为理想的选择，因为它最接近自然。

2. 享受生命

生命的意义在于利用生命、享受生命，使生命蕴藏的能量得到充分的释放，具备的特质得到充分的彰显。利用生命、享受生命有许多种形式，如经商、务农、做工等，又如竞技、比赛、超越等。而回归自然、从事农业、牧歌田园同样是一种形式。这种形式的最大特点自然是使生命蕴藏的能量在田园中得到充分的释放，具备的特质在田园中得到充分的彰显。在田园中，生命与田园融为一体，与农业融为一体，特别是通过农作、农事、农活阐释生命，诠注生命，从而实现生命的享受。

3. 修身养性

人类的性情除了受遗传基因的影响外，还无不受到后天各种环境因素的影响。一般来说，北方人比较粗犷，南方人比较细腻，从事体力劳动的人比较豪爽，从事脑力劳动的人比较文静。这就是内外因对人类性情影响的粗略例证。人们回归自然，在田园中从事农业劳动，在乡村中从事农业生产、农村事务和乡村生活，同样会收到来自这些活动潜移默化的影响，久而久之就会修炼出一种与之相对应的性情。众所周知，农民大多都勤劳、纯朴、善良，这其实就是农业生产、农村事务和乡村生活长期熏陶的结果。

4. 度假休闲

随着物质的不断丰富，生活水平的不断提高，度假休闲日益成为人们的一种生活方式。这一生活方式的最大特点就是在闲暇中度过时光、享受生命。显然，实现度假休闲的空间有许多，在家庭里，在城市里，在公园里，在景区里，等等。当然，这些空间也应包括自然、大地、乡村、田园。在这一空间度假休闲，就能在自然、大地、乡村、田园中阐发闲情逸致，在农业生产、农村事务和乡村生活中休养生息，感受别一样的气息，别一样的情趣，别一样的生活，度过别一样的时光。

5. 健康身体

健康的身体，是身体各器官的协调、和谐、统一，处于良好的状态。而健康身体，自然就是采用各种措施，包括自然的、人为的，物理的、化学的，生物的、药物的等，使身体各器官协调、和谐、统一，处于良好的状态，特别是使已经不甚协调、和谐、统一，处于不良状态的身体各器官，得以恢复，并予增强。这一切在医院可达到，在家庭可达到，在景区可达到，在田园、在乡村也可达到，甚至可以说，在田园、在乡村可达到其他地方难于达到的达到。在田园，在乡村，空气是清新的，视野是开阔的，环境是优美的，无不有利于身体健康；在田园，在乡村，产品是自然的，食物是绿色的，吃法是环保的，无不有利于身体健康；在田园，在乡村，劳动是适度的，活动是有序的，生活是丰富的，无不有利于身体健康。

第二节　田园养生情趣的形式与特征

像田园体验一样，田园养生也以情趣的形式来存在和表现，并形成其固有的特征，但是，形式和特征都不同。

一、田园养生情趣的形式

1. 环境情趣

环境情趣，指的是在田园养生中，通过乡村环境来实现人们养生需求和目的，从而存在和表现情趣的方式。

的确，乡村环境是别致的。在乡村，视野是开阔的。尽管不时有树木和房屋等物体挡住视线，但只要站在较高的位置上，如站在小土丘上，或较高的田埂上，往往会望得很远，这时，若前面是较矮的作物时，如菠萝时，则往往会有一望无际的感觉，视线可到达的地方似乎是天地的连接处，望到天边了。在乡村，空气是清新的。由于没有工厂废气的排放，加上人口密度相对较小，特别是由于植物的光合作用——吸收二氧化碳，放出氧气，乡村的空气特别清新，氧气充满空中，站在开阔的山坡上，深吸一下，就有心旷神怡的感觉，靠近树木、特别是森林的地方，更是有如置身于天然氧吧之中。在乡村，环境是绿色的。在乡村，作物是绿色的，树木是绿色的，草坪是绿色的；田园是绿色的，村庄是绿色的，自然是绿色的。在乡村，用"满眼葱绿"来形容一点也不为过，用"绿色世界"来描写一点也没有夸张。在乡村，情境是幽美的。在乡村，在广阔的乡村，在宁静的乡村，不时会听到微风吹动作物发出的"沙、沙……"声，溪水流过山涧发出的"潺、潺……"声，以及牲畜的叫声和鸟儿的歌声，构成田园圆舞曲，是那样的抒情，那样的悦耳，那样的幽美。

在都市，却不是这样。在都市，视野是有限的。到处都是高楼大厦，都是挡住视线的高楼大厦。空气是混浊的。由于工厂和机动车辆废气的排放，加上人口密度相对较大，都市的空气往往是混浊的，二氧化碳充满空中，严重的甚至尘埃滚滚。情境是嘈杂的。在都市，在楼房里，在街道上，不时会听到机械运动发出的"隆、隆……"声，汽车行驶发出的"喇、叭……"声，以及人声和其他声音，甚是嘈杂，偶尔一声高分贝的划破长空，震耳、刺心，平静的心境会变成烦躁，烦躁的情绪会变成发怒。

无疑，不同于都市环境的乡村环境自然会给人们带来特有的环境情趣。开阔的视野既可满足视觉极限的需求，使视线投到其所能到达的地方，又可感觉辽阔田园、辽阔大地的存在和表现，使视觉生命得到充分的彰显，获取视觉之环境情趣。清新的空气则既可满足呼吸极限的需求，使呼吸发挥到淋漓尽致的程度，又可为身体提供足够的、纯净的氧气，使生命充分地享受大自然的恩赐，获取呼吸之环境情趣。绿色的环境则可给生态以存在，给环保以表现，给视觉以舒适，给生命以回归，获取绿色之环境情趣。幽美的情境既可净化灵魂、抚慰创伤、愉悦心情、调剂生理，又可倾诉心声、释放情绪、对话自然、表现自我，使生命融化于其中，获取幽美之环境情趣。

2. 野境情趣

野境情趣，指的则是在田园养生中，通过自然环境来实现人们养生需求和目的，从而存在和表现情趣的方式。

自然环境是自然创化的结果，是自然力和生态力长期作用的结果，处处表现着原始性、自然性、生态性和持续性。原始性，指的是自然环境基本保持着其形成初期的状态的特征。土壤基本仍是形成初期的土壤，植被基本仍是形成初期的植被，水域基本仍是形成初期的水域，其他一切的一切基本仍是形成初期的其他一切的一切。当然，在自然力和生态力的作用下也会发生变化，不过，这些变化是缓慢的、不明显的。自然性，指的是自然环境是自然创化的结果。土壤是，气候是，水是，生物是，环境中的一切都是；存在是，变化是，发展是，环境中的点滴都是生态性，指的是自然环境在自然力和生态力的作用下形成区域差异的特征。由于温、光、水、气、热的不同，在热带地区形成热带气候，在温带地区形成温带气候，在寒带地区形成寒带气候，并形成相应的土壤类型和植物类型等。

人为环境却不同，是人为作用的结果，准确地说，主要是人为作用的结果，处处表现着的是时代性、人为性、需求性和间断性。时代性，指的是人为环境总是打上时代的烙印，并呈现出不同时代而存在和表现不同的特征。由于人为环境主要是人为作用的结果，加上不同时期人类的需求不同、技能不同和审美不同，因此，无不呈现出时代性。如果说房屋可算是人为环境的一个要素的话，那么，茅房、瓦屋和楼房就可分别代表茅房时代、瓦屋时代和楼房时代。人为性，指的是人为环境总是人为作用的结果的特征。在人为环境中，不见得一草一木都是人为作用的结果，但是，总会有人为作用的部分。在荒山野岭上植树造林，其形成的环境就是人为环境，尽管天然存在的山水还在。需求性，指的是人为环境总是根据人们的需求来营造的特征。人类总是存在于一定的环境之中，为了使环境相对更适宜人类的生存和发展，人类就会根据自身的需求来营造环境，植树造林就是最好的例证。间断性，指的是人为环境在人为的作用下，往往呈现出不同时期存在和表现不同的特征。

可见，田园养生的野境情趣自然别有一番风味，表现在不同于人为的自然中。野境情趣的原始性，不但可让人们看到自然的原始状态，看到土壤、气候、水和生物的原始状态，从中认识原始，认识自然的创化，并通过与人为环境的对比，认识环境的变化、发展和差异，而且可以启发人们想象人类之原始。野境情趣的自然性，不但可让人们看到自然的存在和表现，看到自然的变化和过程，从中认识自然，认识自然的运动规律，而且可让人们通过对自然及其运动规律的认识，认识作为自然人的人类的生命存在和生命规律，从而获取野境自然之情趣。野境情趣的生态性，不但可让人们看到区域内的相似和区域间的差异，从中认识自然，认识自然的生态规律，认识自然的区域分异规律，而且可让人们学会尊重自然、利用自然、适应自然，让生命之花在适宜的生态环境中存在、发展和享受，从而获取野境生态之情趣。野境情趣的持续性，不但可让人们看到自然周而复始的运动规律，看到地球的公转和自转，从中认识自然的持续，认识持续的存在和表现，而且可让人们感悟事物的持续及其存在和表现，感悟人类的持续及其存在和表现，从而获取野境持续之情趣。

3. 园境情趣

园境情趣，就是指在田园养生中，通过田园环境来实现人们养生需求和目的，从而存在和表现情趣的方式。

田园自然会给养生的人们催生出其固有的情趣，也就是园境情趣。耕作化的土地，表现的是疏松的土壤、肥沃的土壤、供肥供水能力强的土壤、适宜农作物生长发育的土壤、可使农作物获得高产优质的土壤，不同于自然土，不同于坚硬的自然土、瘦瘠的自然土、供肥供水能力差的自然土、不适宜农作物生长发育的自然土，这就是情趣。栽植作物的载体，表现的是土壤的宜耕性、生态的适宜性、人化的田园性、栽培的作物性，不同于石头，不同于球场，不同于盐碱地，这就是情趣。农业劳动的场所，表现的是农业劳动的所在、农业劳动的环境、农业劳动的对象、农业劳动的场面、农业劳动的体验，不同于机关，不同于商店，不同于工厂，不同于办公的机关，不同于交易的商店，不同于工业劳动的工厂，这就是情趣。人类获取农产品的空间，表现的是作物的生长、植株的形态、果实的生产、产品的收获、生命的彰显、人与自然的共存，不同于原始森林的空间，又类似于原始森林的空间，当到田园中采摘果实的时候，人类原始的生存和发展状态就会得到淋漓尽致的表现，这就是情趣。

4. 村境情趣

村境情趣，则是指在田园养生中，通过村庄环境来实现人们养生需求和目的，从而存在和表现情趣的方式。

形成于自然之中的村庄，表现着自然性，处处与自然融合在一起。房屋依山傍水，围墙就地取材，道路沿着地形，树木则完全是地方植物化。到这里养生，自然有如回归自然之感受，有如居住、生活自然之中，从而获得村境自然之情趣。作为生活聚集的村庄，表现着生活性，表现着人类为生存和发展而聚集，表现着人类为互相帮助而聚集。到这里养生，自然可品味到生活的客观、生活的淳朴、生活的本源，从而获得村境生活之情趣。充溢着民风民俗的村庄，表现着民风民俗，表现着传统的生活方式，表现着上十年、上百年、甚至上千年的生活方式，是那样的根深蒂固、富有特色。到这里养生，自然可体味到原生的生活、风俗的生活、别样的生活，从而获得村境民俗之情趣。以家族为纽带的村庄，表现着亲情、人情，到处充满着关爱，充满着人情味，充满着尊老爱幼。到这里养生，自然会感受到血浓于水的人间亲情，从而获得村境血源之情趣。以农业生产为依托的村庄，表现着田园、作物和生产，表现着村民对农业生产的依赖。到这里养生，自然会体验到农业之基础、之重要、之实在、之价值，从而获得村境农业之情趣。

5. 场境情趣

所谓场境情趣，就是在田园养生中，通过农业劳动及其场面来实现人们养生需求和目的，从而存在和表现情趣的方式。

农业劳动及其场面之所以能够引发人们、特别是到田园养生的人们的场境情趣，那是由于：农业劳动是使用农业劳动工具，运用农业劳动技能，作用农业劳动对象，生产农业劳动产品的过程，甚至还是享受生命的过程。锄地，是农业劳动，它使用锄头这一农业劳动工具，运用锄头这一农业劳动技能，作用土表这一农业劳动对象，使其疏松，适于种植作物，种植生产农业劳动产品的作物；锄地，当其在轻松、愉快中进行的时候，它还可达到锻炼身体、学习知识、表现能力、彰显健美的目的，从而成为享受生命的过程。

显然，其场境情趣自然表现在：农业劳动工具的使用、农业劳动技能的运用、农业劳动对象的作用、农业劳动产品的生产；或者可以说，通过这些锻炼身体、学习知识、表现能力、彰显健美，通过这些享受生命。

6. 心境情趣

心境情趣源于环境、野境、园境、村境、场境，但不同于环境情趣、野境情趣、园境情趣、村境情趣、场境情趣，而是通过心理活动，将这些情趣加以升华，愉悦心情，健康身体。

清新的空气是环境之一，往往会形成的是心旷神怡的心境情趣；原生态的原始森林是野境之一，往往会形成的是回归自然的心境情趣；肥沃的田园是园境之一，往往会形成的是丰收在望的心境情趣；依山傍水的吊脚楼是村境之一，往往会形成的是天人合一的心境情趣；用锄头来锄地这一农业劳动是场境之一，往往会形成的是征服自然的心境情趣。

二、田园养生情趣的特征

以情趣的形式来存在和表现的田园体验情趣具有农业性、体验性、情趣性和生命性等 4 个特征，同样以情趣的形式来存在和表现的田园养生情趣自然也应具有农业性、养生性、情趣性和生命性等 4 个特征。不过，田园养生情趣不但养生性不同，而且农业性、情趣性和生命性也有所不同。

1. 农业性

基于田园体验情趣的概念，农业性，指的是田园养生情趣以农业作为养生、情趣的对象的特征。

田园体验情趣的农业性是以农业作为体验、获取情趣的，而田园养生情趣的农业性则是以农业作为养生、获取情趣的，主要表现在：一是通过农业劳动来锻炼身体。二是通过农业劳动来彰显生命。三是通过农作物来健康身体。农作物的色彩、特别是叶片的绿色可悦目，农作物的气味、农作物的造型可舒心；至于熏衣草等药用作物的康体作用就更明显了。四是通过农业生产来陶冶性情。农业生产是一种劳动；农业生产又是一种生产可满足人类营养需求、品尝需求、原料需求和审美需求的过程，生产富含淀粉的稻谷、具有甜味的甘蔗、可作家具的木材和造型别致的盆景苹果等；农业生产还是一种贴近自然的活动，活动的载体是耕作化的土地，活动的对象是栽培驯化的植物，活动的工具是设施化的材料，活动的内容是生活化的延伸。这样，通过农业生产，就可陶冶性情，使性情变得厚道、善良、淳朴。

2. 养生性

也基于田园体验情趣的概念，养生性，指的则是田园养生情趣通过田园养生的方式获取的特征。

在田园养生中，锄地既是一种劳动方式，也是一种养生方式。作为劳动方式，它使用锄头，作用田园表土，将田园土表锄松，以适于农作物种植。作为养生方式，它除了这些以外，还锻炼了身体，使身体筋骨舒展、血液循环。

尽管这样，田园养生毕竟是田园养生，与一般农业劳动的锄地相比，它总是在轻松、愉快中进行，而一般农业劳动的锄地则往往在卖力、疲劳中进行。

3. 情趣性

同样基于田园体验情趣的概念，所谓情趣性，就是田园养生情趣以获取情趣作为田园养生的目的的特征。

田园养生情趣的情趣性表明的是,田园养生不仅仅是养生,而还是情趣。在田园，或到田园去，呼吸新鲜空气，可怡神，可养生；观赏绿色作物，可悦目，可养生；品尝安全水果，可康体，可养生；从事农业劳动，可锻炼，可养生……然而，在田园，或到田园去，呼吸新鲜空气，还可感受新鲜空气之新鲜，获呼吸之情趣；观赏绿色作物，还可认识绿色作物之形态，获取观赏之情趣；品尝安全水果，还可体验采摘水果之技术，品尝自摘水果之成果，获取品尝之情趣；从事农业劳动，还可学习农业劳动工具之使用，感受农业劳动之实践，获取劳动之情趣。

4. 生命性

仍然基于田园体验情趣的概念，所谓生命性，则是田园养生情趣以田园养生作为生命存在和表现的方式的特征。

作为生命存在和表现的时空有许多，田园这一空间能为生命所乐意存在和表现，能成为生命理想存在和表现的空间。田园养生情趣的生命性则进一步表明，田园还能成为生命养生理想存在和表现的空间。在田园养生中，生命可以获得愉悦。在田园中养生，生命存在和发展于田园之中，存在和发展于田园生命之中，与田园生命一起，构成生命的存在和发展，构成生命的运动方式。在田园养生中，生命可以获得健康。在田园中养生，生命不但可以得以充分的张扬，而且可以在相对理想的空间得以充分的张扬，心理得以平和，生理得以协调，身体得以健康。在果园里，可亲自采摘水果，活动筋骨，更可品尝到清甜、可口、营养、安全、卫生的绿色水果——十分适宜身体生长发育需求的绿色水果，使生命得以补充，得以完美，得以情趣。在田园养生中，生命还可以获得长寿。

第三节　田园养生设计应注意的问题

田园养生设计和田园体验设计是基本相同的，都是以田园为载体，以景观为形式，以情趣为目标，所不同的只是前者以养生为内容，后者以体验为内容，因此，两者设计应注意的问题基本相同，所不同的只是前者偏重于养生，后者倾向于体验。

一、村庄性与田园性相结合

田园养生以乡村为载体，以包括田园、村庄和自然三大块的乡村为载体。在乡村这一载体中，以田园为主，以村庄为次，以自然为补充。人们到田园里养生，主要是到田园里备耕、种植、施肥、灌水、除草、防虫、治病、收获，主要是通过这些来养生；其次才是到村庄里吃农家饭、住农家宅、娱农家乐；再次才是到自然里休闲散步、观赏景观、享受自然。否则，就不所谓田园养生了，而应是村庄养生或自然养生了。

这一客观无不要求田园养生设计必须做到村庄性与田园性相结合。而所谓村庄性与田园性相结合，就是村庄的田园化和田园的村庄化。其实，村庄也好，田园也好，都只不过是自然的不同用途而导致的结果而已，前者是自然居住的结果，后者是自然耕作的结果，村庄和田园的统一，也就是村庄的田园化和田园的村庄化是完全可能的。

村庄的田园化和田园的村庄化相结合，关键在于将村庄和田园融合成为一个整体，特别是将住宅建到田园中，建到田园的不宜耕种的土地上，将田园变成住宅的庭院，变成耕作作物的庭院。元阳哈尼族梯田就做到了这一点，山岭的中下部开垦梯田，种植作物，中上部修建房屋，建设村庄，顶部植树造林，保护生态。

二、自然性与审美性相结合

田园养生，是在田园中，通过农作、农事和农活等形式来实现养生的，来实现回归自然、享受生活、修身养性、度假休闲、健康身体、治疗疾病、颐养天年的。这一过程虽然不是全部、但却无不包括自然的审美情趣和审美享受，包括对自然形成的土壤、自然生长的树木、自然存在的石头和自然寄存的水域的审美情趣和审美享受。

田园养生设计必须做到自然性与审美性相结合。所谓自然性，就是在田园的设计中，应尽可能保持原貌，做到人为的改造尽可能地少。所谓审美性，就是在田园的设计中，在做到体现自然性的同时，还必须使其符合人们的审美需求，并据此而设计出符合美学规律的田园，符合美学规律的田园、村庄和自然。在城市，无处不在表现着审美性，但却往往难以见到自然性，是以牺牲自然性来凸现审美性的。

在热带地区，用木棉树、木菠萝和椰子树等热带典型树木来绿化，是自然性与审美性的统一；在山水地区，像苗族地区建设吊脚楼一样，依山傍水地建设房屋，是自然性与审美性的统一；在高山地区，像哈尼族修建梯田一样，按等高线将田园修建成梯田，是自然性与审美性的统一；在高旱地区，种植甘蔗、番薯和木薯等耐旱作物，是自然性与审美性的统一。

三、"三农"性与生产性相结合

田园养生是通过农作、农事、农活来实现的，特别是通过以农作为主的农作、农事、农活来实现的；同时，田园养生以农业生产和农村经济发展为生活目标。如果说种稻是农作，修路是农事，砍柴是农活的话，那么，它们都可进行田园养生，但是，主要的形式却是种稻，而既不是修路，也不是砍柴。

田园养生设计必须做到"三农"性与生产性相结合。所谓“三农”性，就是田园养生必须通过农作、农事、农活来实现；所谓生产性，就是田园养生必须以农业生产和农村经济发展为生活目标；所谓“三农”性与生产性相结合，则是田园养生必须通过农作、农事和农活等方式，在实现农业生产和农村经济发展这一目标中，实现养生的目的。

田园养生设计要做到“三农”性与生产性相统一，关键在于坚持以生产为主，并围绕生产开展“三农”。在客厅里、庭院里栽植盆景苹果就能很好地体现了这一点。盆景苹果与一般的盆景并没有什么区别，有造型，有艺术，可观赏，可悦目，可舒心，可养生；同时，与一般的苹果树也没有什么区别，开花挂果，生产苹果，生产既可品尝、又安全卫生的苹果。特别值得一提的是，盆景苹果通过花盆，将田园从大地移到客厅里、庭院里，使客厅、庭院成为田园化的客厅、庭院，成为“三农”性与生产性相结合的地方。

四、养生性与生命性相结合

养生是生命的一种存在和表现方式，也是人类生命与其他生物生命共生共存的一种方式。在田园养生中，既是追求养生，也是追求人类生命与其他生物、特别是与农作物共生共存。

田园养生设计必须做到养生性与生命性相结合。所谓养生性，就是田园养生设计中所设计的景物、景点及其存在、生活方式必须有利于人们养生；所谓生命性，就是田园养生设计中所设计的景物、景点及其存在、生活方式等一切必须遵循生命、特别是农作物的生长发育规律，并有利于农作物的生长发育；所谓养生性与生命性相结合，则是田园养生设计中所设计、追求的是人们通过与农作物的对话，实现养生的目的。

五、生活性与劳动性相结合

田园养生既是生活，也是劳动，既是进行回归自然、享受生命、修身养性、度假休闲、健康身体、治疗疾病、颐养天年等生活，也是从事农作、农事、农活等劳动。

田园养生必须做到生活性与劳动性相结合。所谓生活性与劳动性相结合，就是劳动的生活方式化。而要做到劳动的生活方式化，关键在于：一是劳动的态度。即劳动者，也就是田园养生者采用积极的、主动的态度去劳动。二是劳动的环境。即劳动的环境，也就是田园的环境是优美的，是景观化的。三是劳动的强度。即劳动的强度是适度的，是不会引起劳动者，也就是田园养生者疲劳的。四是劳动的过程。即劳动的过程是在轻松、愉快中进行的。五是劳动的效果。即通过劳动，也就是通过田园养生，是会达到锻炼身体、学习知识、愉悦心情的效果的。

第四节　田园养生设计的案例与分析

在此，选择伊甸园休闲农庄和蓝调熏衣草庄园两个案例来分析田园养生设计。

一、案例一：伊甸园休闲农庄

案例

伊甸园休闲农庄位于海南岛万泉河畔。农庄建于 1993 年，占地 1500 多亩，是一个综合性热带观光农场，更是一座演绎《圣经》故事中人类始祖亚当和夏娃生活的现代版伊甸园。农庄种有从台湾引进的香蜜、柠檬、莲雾、珍珠石榴、番石榴、杨桃、洋香瓜和枣等10多种优良水果，更有和煦的阳光、潺潺的流水、生态的草木、跑马的牧场和缱绻的爱情（图9-1）。

图9-1

本案例（含图片）根据“台湾民主自治同盟中央委员会”、海南省人民政府《伊甸园休闲农庄》（《2010海峡两岸观光休闲农业（海南）论坛与会者手册》，“台湾民主自治同盟中央委员会”、海南省人民政府，2010：9）整理）

分析

伊甸园休闲农庄在设计上主要通过四方面来实现养生，实现田园养生：一是引种香蜜、柠檬、莲雾、珍珠石榴、番石榴、杨桃、洋香瓜和枣等10多种台湾优良水果；二是利用和煦的阳光、潺潺的流水、生态的草木等自然资源；三是建设跑马牧场；四是赋予人类始祖亚当和夏娃爱情故事的文化内涵。

第一方面的设计：通过台湾优良水果品种，给养生者以内容上的多样感、丰富感，以视觉上的新鲜感、美观感，以品尝上的优良感、可口感，以生命上的卫生感、安全感。

第二方面的设计：通过自然资源的利用，给养生者体验自然资源的情趣、感受自然资源的风光、享受自然资源的活力、实现人与自然的对话。

第三方面的设计：通过跑马牧场的建设，给养生者静中以动的存在、表现和感受，使农庄成为动与静相结合、动物与植物相结合的地方。

第四方面的设计；通过赋予亚当与夏娃爱情故事的文化内涵，给养生者以遐想、以寻梦、以情趣，回归自然，回归原始，回归生命的本p源，回归美好的年华。

二、案例二：蓝调熏衣草庄园

案例

蓝调熏衣草庄园位于北京市朝阳区金盏乡楼梓庄蓝调庄园内，邻近首都机场。蓝调庄园占地1200亩，以农业文化创意产业为支撑，以蓝莓、草莓等特色果蔬种植为基础。在生产上，以蓝莓、

图 9-2

图 9-3

草莓为主栽品种，并配合其他特色果蔬种植，形成当地绿色地标；在生态上，园区呈现的是原生态的田园景观，为崇尚自然、渴望田园生活的市民提供了一个休闲体验的空间；功能上，庄园集景观欣赏、特色餐饮、主题温泉、加工体验、节庆活动等于一体（图 9-2、图 9-3）。

[本案例（含图片）根据百度百科《蓝调薰衣草庄园》（http：//baike.baidu.com/view/4811215，2012—07—25）整理]

分析

蓝调薰衣草庄园的最大特点或最成功之处在于设计了薰衣草。

薰衣草，属唇形科薰衣草属，原生种共有 28 种，原产于地中海沿岸、欧洲各地及大洋洲列岛，后被广泛栽种于英国及南斯拉夫，是一种美丽、芳香、药用和充满文化韵味的植物。

薰衣草是一种美丽的植物。薰衣草丛生，多分枝，株高矮的 30～40 厘米，高 45～90 厘米，植于高海拔的达 1 米。叶互生，叶形优美典雅，花序颖长秀丽，花色有蓝、深紫、粉红、白等色，常见的为紫蓝色，花期：6～8 月。每当花开风吹时，连片而又整齐的薰衣草田就如海洋一般，此起彼伏、微波紫浪，美丽如画。

薰衣草又是一种芳香的植物。薰衣草略带清淡香气，花、叶和茎上的绒毛均藏有油腺，轻轻碰触油腺即裂而释出香味。每到开花时节，其香远在十里之外都能闻到；而更为绝妙的是，即便站在一大片田园里边，嗅到的香依然还是淡远温和；而闲庭信步地从花间走过，衣角就会留着一种冷香。

熏衣草还是一种药用的植物。熏衣草疗效广，可治疗70种以上的疾病。从其花朵中提取的熏衣草精油具有杀菌、止痛、镇静等功效，用来治疗头痛、失眠、伤口、杀菌等。即使仅仅是其香气，也能醒脑明目、舒适身体、舒解焦虑、驱除蚊蝇、驱虫防蛀。

熏衣草更是一种充满文化韵味的植物。关于熏衣草，文化韵味十足，但更多的则是与爱情有关的文化。在盛产熏衣草的地方，流传着一个个美丽的爱情故事：瓦别真爱的故事，等待爱情的故事，梦幻爱情的故事，寻找真爱的故事，回归真爱的故事……

显然，栽植美丽、芳香、药用和充满文化韵味的熏衣草，并配置景观欣赏、特色餐饮、主题温泉、加工体验和节庆活动的蓝调熏衣草庄园自然成为田园养生的理想圣地。熏衣草的美丽可给养生者视觉以愉悦，芳香可给养生者嗅觉以舒适，药用可给养生者身体以健康，文化韵味可给养生者生命以魅力，景观欣赏、特色餐饮、主题温泉、加工体验和节庆活动则丰富养生者的生活。

第十章 田园生活设计

田园生活同样是田园景观的一种特殊形式，田园生活设计则是从生活的角度进行的田园景观设计。

第一节　田园生活设计的内涵与类型

作为田园景观设计的特殊形式的田园生活设计，要搞好设计首先自然是弄清楚田园生活的内涵。

一、田园生活的内涵

那么，什么是田园生活？笔者认为，田园生活是指将田园作为庭院的延伸，作为庭院的有机组成部分，建成庭院化的田园，建成田园化的社区，成为人们日常生活的空间和场所，并将农耕活动作为日常生活的主要内容之一。事实上，在许多建在田园附近的村庄，已在客观上具备了田园生活的雏形，庭院和田园已没有严格的界限。一般来说，田园生活应具备如下几个特点：

1. 田园化

所谓田园化，指的是田园生活以田园为载体，进行生活。不过，这里的田园不是狭义的，而是广义的，即以农业动植物及其赖以生存和发展的土地、田园、水域和环境，乃至整个农村地区（包括农村地区的道路、城镇、集市、村庄、厂矿和自然环境等）。田园生活的庭院是田园化的，社区也是田园化的；商业设施、文化设施、通讯设施和其他相关的生活、社会设施全部建在田园上，与田园一起构成社区；田园生活的主要内容之一则是农耕活动。

2. 庭院化

所谓庭院化，指的则是田园生活的田园是庭院化的田园。在这些田园，作物、田埂、道路、沟渠、林带、棚架、电网等要素均成为庭院的有机组成部分。作物就像庭院的果树一样，也像客厅里的盆景一样；道路就像庭院的小径一样，也像房间的走道一样；如此等等。总之，在这样的田园居住、生活，就像在庭院里居住、生活一样。

3. 社区化

社区化，指的是田园生活的田园是社区化的田园。在这样的田园，配套有社区的所有或主要的功能设施，商业的、交通的、通讯的、文化的、生活的应有尽有。在这样的田园，可以过着社区般的生活，在小小的圈子里，基本满足着生活的一般需求。在这样的田园，还可以过着胜于一般社区的生活，到处都充满着田园风光、田园文化，享受着“采菊东篱下，悠然见南山”的田园生活。

4. 农耕化

田园生活，不但将田园作为日常生活的空间和场所，而且仍利用田园来栽植农作物；不但将农耕活动作为日常生活的主要内容之一，而且仍利用田园来从事农业生产。值得强调的是，在这样的田园栽植农作物，不仅仅是为了栽植而栽植，更不是纯粹为了景观、为了观赏而栽植。而还是为了农业生产，为了追求正常意义的高产优质高效的农产品而栽植。不同的是，一般农业生产以纯粹的、传统的农业劳动来进行，而这却是以田园生活的方式来进行。这就是田园生活的农耕化。

5. 生活化

在田园，进行着日常生活，进行着吃、穿、住、行的日常生活，像庭院一样，像居室一样，特别是，人们会在田园的某一处赏景、乘凉、聊天、下棋……在田园，还进行着具有吃、穿、住、行相同意义的农耕活动，或者也可以叫做农耕生活，犁办田园，栽植作物，中耕除草，施肥灌水，防虫治病，收获果实，等等。

二、田园生活的类型

田园科普也好，田园体验也好，田园养生也好，都可分类，田园生活同样可分类。具体地，可分为如下5种类型：

1. 祖居型

祖居型田园生活，指的是祖祖辈辈都在这里居住、生活，准确地说，三代以前就在这里居住、生活。当然，作为祖居型田园生活，其所居住、生活的田园并非一般的田园，而是庭院化的田园、田园化的社区。也当然，作为祖居型田园生活，其最大的特点就是当地的传统文化浓郁，在设计中必须将当地的传统文化有机地融合进去，只有这样，才能充分地体现祖居型田园及其生活。事实上，不少建在田园附近的旧村庄，已在客观上具备了祖居型田园生活的雏形。

2. 移居型

就是从此地迁移到彼地居住、生活。一般来说，父母从此地迁移到彼地居住、生活的都属移居型田园生活。移居型田园生活所居住、生活的田园也是庭院化的田园、田园化的社区。与祖居型田园生活相比，在设计上的最大特点则是迁出地的地方文化与迁入地的地方文化相结合，形成其别具风格的田园和生活。

3. 短居型

短居型田园生活，指的则是人生的某一时期或某一阶段在某一地区居住、生活。不过，这里的某一时期或某一阶段时间较长，一般几年以上、几十年以下。当然，这里的田园也是庭院化的田园、田园化的社区。显然，短居型田园生活设计与移居型田园生活设计在艺术上、技巧上并没有多大区别，主要都是将迁出地的地方文化与迁入地的地方文化相结合。不过，在用材上却应有所区别，短居型田园生活设计由于考虑居住、生活时间相对较短，因此，可选用一般的材料；而移居型田园生活设计则由于考虑居住、生活时间相对较长，因此，可选用较坚固的材料。

4. 休闲型

休闲型田园生活，就是在庭院化的田园、田园化的社区居住、生活。值得强调的是，过着休闲型田园生活的人，或在休闲型田园居住、生活的人，其居住、生活的空间或场所或住宅往往不限于庭院化的田园或田园化的社区，而还在其他一个以上的地方有居住、生活的空间或场所或住宅，特别是还在城镇里有居住、生活的住宅。在设计上，与上面几类型田园生活相比，休闲型田园生活相对接近于短居型田园生活，其次接近于移居型田园生活，与祖居型田园生活相距最大。休闲型田园生活相对更富有文化元素，更富有文化韵味。

5. 社区型

社区型田园生活其实就是田园生活的规模化、区域化、社区化，即祖居型田园生活、移居型田园生活、短居型田园生活和休闲型田园生活中之一种或一种以上的规模化、区域化、社区化。所谓规模化，就是田园生活形成一定规模，就单元来说至少 10 多个，就面积来说应在 100 亩以上。所谓区域化，就是规模化的田园生活之田园是一个有四至的、闭合的区域。所谓社区化，就是规模化、区域化的田园生活之田园是一个可提供、满足区域内居民基本生活需求的生活小区。在这样的社区，以田园及其周边的自然为载体，若干个祖居型田园、移居型田园、短居型田园和休闲型田园中之一种或一种以上错落其间，并建有商业设施、文化设施、通信设施和其他相关的生活、社会设施，形成以田园文化为主调的生活场所和空间。谈到社区，似乎应该提到城镇已普及的住宅小区。因为社区型田园在功能上、形式上、内容上与那些小区基本相同，所不同的主要表现在：以田园及其周边的自然为载体，范围、面积往往更大，到处充满田园风光和田园文化。

第二节　田园生活情趣的形式与特征

田园生活同样以情趣的形式来存在和表现，但既不同于田园体验，也不同于田园养生。

一、田园生活情趣的形式

田园生活的实质就是生活的田园化，就是日常生活的田园化，因此，其情趣势必通过日常生活来存在和表现，也就是通过吃、穿、住、行、娱等日常生活来存在和表现，从而形成吃的情趣、穿的情趣、住的情趣、行的情趣和娱的情趣。

1. 吃的情趣

吃的情趣，指的是在田园生活中，通过吃这一方式来存在和表现情趣。

显然，田园生活吃的情趣完全在于吃的不同，不同于日常，不同于习惯。在田园生活中，吃的往往是亲手栽植、采摘的果实，尽管品质、味道没什么不同，但却由于是自己的劳动成果而吃在嘴上、甜在心里；吃的往往是绿色、安全、卫生、保健的食品，尽管味道也不见得有什么不同，但却吃得放心；吃的往往是当地的土特产，如热带地区的菠萝等，从而能够品尝出最佳的风味，如菠萝的凤梨味——地道的凤梨味；吃的往往是当地传统、典型制作的风味小食，如雷州半岛地区用木菠萝叶来制作的叶搭饼，从而能够品尝到独特的地方风味；吃的往往是采用当地传统、典型饮食方式来制作的食品，如功夫茶的饮食文化，从而无不形成相应的饮食情趣。如此等等，吃的情趣自然就形成。

2. 穿的情趣

穿的情趣，指的则是在田园生活中，通过穿这一方式来存在和表现情趣。

田园生活穿的情趣也完全在于穿的不同，不同于日常，不同于习惯。在田园生活中，穿的往往可以是当地的传统、典型服装，如在苗族地区的田园生活中，就往往可以穿苗族服装，特别是节假日更是这样。这些服装美丽、鲜艳，民族气息浓郁，或者可以说，是民族特性在服装上的表现。穿戴之，既有新鲜感，又有特色感，更有民族感，融合于当地民族之中，融合于当地天地之间，自然有情趣。

3. 住的情趣

所谓住的情趣，就是在田园生活中，通过住这一方式来存在和表现情趣。

田园生活住的情趣还完全在于住的不同，不同于日常，不同于习惯。在田园生活中，住的是农家宅。这些农家宅无不是当地经济水平、地理环境和生活习俗等要素长期作用的结果，无不具有地区的适应性、居住的实用性、文化的多元性和审美的价值性。苗族地区的吊脚楼依山傍水而建，既实用，又美观，还别致，更值得一提的是与山水融合在一起，有它正好，无它倒像少了一点什么。居住在吊脚楼自然有情调，有心情，有烙印。

4. 行的情趣

所谓行的情趣，则是在田园生活中，通过行这一方式来存在和表现情趣。

田园生活行的情趣同样完全在于行的不同，不同于日常，不同于习惯。在田园生活中，行的是乡村道路，是田园道路，是羊肠小径，甚至是窄小的田埂。在乡村道路两旁，原生态的树木比比皆是，在热带地区就是榕树、木棉树、马樱丹、野石榴、飞机草和蜈蚣草等。如果说这些树木构成的是热带植物风光的话，那么，不时闪现的小鸟及其歌声带来的就是热带自然情趣。在田园道路两旁，比比皆是的则是宜于当地生态条件的农作物，在热带地区则是菠萝、香蕉、蔬菜、甘蔗、木薯和番薯等。如果说乡村道路充满着的是植物风光和自然情趣的话，那么，田园道路充满的则除了植物风光和自然情趣之外，还有人类的劳动成果——在望的丰收景象。

在田园生活中，行走所依赖的道路可形成情趣，所依赖的工具也可形成情趣，因为它也不同于日常，不同于习惯。赶着牛车行走，走得慢悠悠，走得比步行还慢，即使吆喝一声，抽上一鞭，也快不了多少，但若果哼着小调，哼着抒情的小调，或者唱着山歌，唱着抒情的山歌，其情趣便悠然而生。划着竹排行走，行在溪面上，走在绿阴间，偶尔上下起伏，不时左右摆动，鱼儿做伴，鸟儿夹道，划过一段路，转过一道弯，遇着一付排，载着一姑娘，你追来，我赶去，慢悠悠，意浓浓，情趣趣。

5. 娱的情趣

在田园生活中，最大的不同是娱乐方式的不同。而不同娱乐方式存在和表现的情趣，就是娱的情趣。

那么，什么是这里所指的不同娱乐方式？那就是农耕活动，即田园生活以农耕活动作为其娱乐方式，也就是进行田园体验，获取田园体验情趣。关于田园体验，在《田园体验设计》一章中已有论述，在此不再重复。

二、田园生活情趣的特征

田园生活情趣同田园体验情趣一样具有农业性、生活性、情趣性和生命性等 4 个特征。

1. 农业性

农业性，指的是田园生活情趣以农业作为生活、情趣的对象的特征。

尽管田园生活情趣就像田园体验情趣和田园养生情趣一样，以农业作为生活、情趣的对象，但却有不同的地方，主要表现在：一是参与田园生活的人不同。参与田园体验和田园养生的人几乎都限于休闲者、旅游者，即几乎都限于非田园所有者，而参与田园生活的人则除了休闲者、旅游者外，往往还包括非休闲者、非旅游者，即往往还包括田园所有者在内。因为田园生活设计既有为他性，也有自我性。二是进行田园体验和田园养生的形式不同。在田园生活中，往往也包含着田园体验和田园养生，但田园体验和田园养生却是时段的，即某一段时间内，而田园生活却是日常的。三是将农耕活动作为日常生活的内容。在田园生活中，吃、穿、住、行是日常生活的内容，农耕活动也是日常生活的内容，田园生活者在从事着田园体验或田园养生的同时，更多的却是以农耕活动来进行着日常生活。

2. 生活性

生活性，指的则是田园生活情趣通过田园生活的方式获取的特征。

那么，田园生活可获取情趣吗？回答自然是：可以。因为田园生活既不同于传统的日常生活，也不同于传统的农业劳动。传统的日常生活是吃、穿、住、行，是吃饭、穿衣、居住和行走，而田园生活虽然也包含吃、穿、住、行，也包括吃饭、穿衣、居住和行走，但是，吃的、穿的、住的、行的往往不同，吃的是农家饭，穿的是农家衣，住的是农家宅，行的是农家路，这些不同自然就会由于差异而形成情趣。同时，田园生活既使日常生活变得丰富多彩，也使农业劳动变得闲情逸致。

3. 情趣性

所谓情趣性，就是田园生活情趣以获取情趣作为田园生活的目的的特征。

田园生活既不是为了生活而生活，也不是为了劳动而劳动，而是为了获取情趣，获取田园生活的情趣而生活和劳动。这时，若没有情趣，那么，田园生活就无所谓田园生活，而只能算是传统的生活和劳动。

4. 生命性

所谓生命性，则是田园生活情趣以田园生活作为生命存在和表现的方式的特征。

生活是生命的基本存在和表现方式，也是生命贯穿始终的存在和表现方式。在生命存在和表现的过程中，尽管生命有时会以特殊的方式存在和表现，如观赏的方式、体验的方式和养生的方式，但是，基本的、贯穿始终的只能是生活的方式。

基于此，寻找生命理想的生活方式自然成为生命存在和表现的最高需求。那么，应该到那里寻找呢？笔者认为，既然田园能够成为生命理想的存在和表现空间，那么，田园生活自然能够成为生命生活理想的存在和表现方式。这是因为：一是田园生活最接近于人类的原生态生活。二是田园生活可极大地丰富人类的生活内容。田园生活既包含传统的日常生活，又可使日常生活中的吃、穿、住、行民俗化、农趣化，还包含生活方式化的农耕活动，这样，其内容的丰富性就毋庸置疑了。三是田园生活可使人类在日常生活之中表现生命的价值。尽管田园生活与传统的日常生活不同，但是，本质上仍属日常生活，这就意味着人类可在日常生活之中表现生命的价值。因为田园生活是一种新型的生活方式，更使生命的价值得以提升。

第三节 田园生活设计应注意的问题

就像田园养生设计与田园体验设计基本相同一样，田园生活设计与田园养生设计、田园体验设计也基本相同，即田园生活设计应偏重于生活，应从生活的角度注意问题。

一、田园性与庭院性相结合

田园生活之载体既是田园，也是庭院，准确地说，是庭院化的田园，或田园化的庭院。田园生活者就是在这样的载体上生活着，进行着吃、穿、住、行、娱等日常生活。

既然这样，在田园生活设计上必须做到田园性与庭院性相结合。所谓田园性，就是所设计的田园必须像一般的田园一样，具有田园的功能，田面平整，土壤肥沃，沟渠配套，可耕作，可种植，可生长农作物，可生产农产品。所谓庭院性，就是所设计的田园还必须像一般的庭院一样，具有庭院的功能，有花有草，有树有木，曲径通幽，可休闲，可小憩，可乘凉，可延伸居室之空间，可浓缩自然之景观。所谓田园性与庭院性相结合，则是所设计的田园必须既像一般的田园一样，也像一般的庭院一样，既具有田园的功能，也具有庭院的功能，是庭院化的田园，田园化的庭院。

在田园生活设计上，做到田园性与庭院性相结合，关键在于在内容上体现田园性，在形式上体现庭院性。例如，将田园道路设计成休闲小径，将田园作物设计成植物景观，就是在设计上做到田园性与庭院性相结合。在这里，田园道路和田园作物是内容，休闲小径和植物景观是形式；田园道路和田园作物这一内容分别以休闲小径和植物景观的形式来存在和表现，而休闲小径和植物景观这一形式则分别以田园道路和田园作物这一内容作为归宿。

二、单元性与社区性相结合

每一庭院化的田园都是一个庭院，都是一个生活庭院，都是一个单元生活庭院，而若干个庭院化的田园则可构成一个在生活上类似当今城镇住宅小区的生活社区。

田园生活设计上必须做到单元性与社区性相结合。所谓单元性，就是所设计的田园必须是一个个单元生活庭院，具备庭院的一般功能，能够进行庭院生活。所谓社区性，就是所设计的田园所形成的庭院可以组合、形成社区，并通过配套设置商业、交通、通信、文化和生活等设施，具备社区的一般功能，能够进行食、穿、住、行的日常生活。所谓单元性与社区性相结合，则是所设计的田园社区中的各庭院田园必须既各自独立，又相互联系。

田园生活设计做到单元性与社区性相结合，关键在于两方面：一是主题贯穿。即将某一主题贯穿于社区中的所有单元，甚至社区中的所有主要项目。例如，在菠萝主产区设计田园生活田园，就应该以菠萝文化为主题，并将抽象化、艺术化的菠萝文化元素设计到社区中各个单元上，设计到各个单元的房屋和道路等主要设施上。这样，一个互为联系、统一文化的社区就形成了。例如，房屋融入菠萝文化元素，但款式却应多种多样。这样，才既形成整体，又具有活力。二是社区设施建设。既然是社区，就应该建设商业设施、文化设施、通信设施和其他相关的生活、社会设施，以满足社区内的田园生活者的基本生活需求。无疑，在田园生活中建设社区设施，不但要考虑其种类的齐全，而且要考虑其布局的合理，以方便田园生活者，要考虑其尽可能地安排在非农用地上，以尽可能少地占用农业用地，例如，安排在石砾地上建设。显然，在把握好以上两点的同时，再参照现有社区，将田园设计成一个个相互联系的居住、生活单元，并配套建设商业、交通、通信、文化和生活设施，就能做到单元性与社区性相结合。

三、生产性与审美性相结合

在庭院化的田园、社区化的田园，人们既从事着农业生产活动，也从事着田园生活享受，因此，无不要求田园生活设计既具有生产性，也具有审美性，无不要求田园生活设计必须做到生产性与审美性相结合。

不过，对田园设计来说，不论是田园景观设计，还是田园科普设计、田园体验设计和田园养生设计，都有这一要求。而关于这一问题，上面已有论述，故在此不再展开论述。

四、生活性与休闲性相结合

田园生活所设计的田园是庭院化的田园，是庭院化的田园社区，是人们日常生活的空间和场所，无不充满着生活的氛围。然而，这一田园并非仅仅充满着食、穿、住、行的日常生活氛围，而还应充满着娱乐、休闲、审美、享受的文化生活氛围。

田园生活设计必须做到生活性与休闲性相结合。所谓生活性，就是所设计的田园是根据庭院的理念和模型来设计的，是符合人们进行食、穿、住、行等日常生活需求的。所谓休闲性，就是所设计的田园在具有庭院理念的同时，还具有园区的理念，符合人们的审美需求，能进行娱乐、休闲、审美和享受。所谓生活性与休闲性相结合，则是所设计的田园既具有庭院的理念，又具有园区的理念，所设计的田园是园林化的庭院，是以田园为载体，以作物为对象，进行日常生活和文化生活的空间。

田园生活设计要做到生活性与休闲性相结合，关键在于设计的艺术提升。例如，田园道路，设计成有利于人机出入的道路，体现的是生产性和生活性，设计成既有利于人机出入的道路，又有利于人们休闲的小径，则是在体现生产性的同时，做到生活性与休闲性的相结合。

五、自我性与为他性相结合

其他农业设计，包括农产品设计、作物植株设计、田园景观设计、田园科普设计、田园体验设计和田园养生设计，都在为居住者、生活者本身提供美观农产品、健美植株、美化田园、农业知识、农业劳动、农业情趣等农业审美产品，引发其审美情趣，愉悦其审美心理，满足其审美需求，但是，其最终目的，是为游客，并通过游客的休闲、观光、消费，获取经济收入。田园生活设计则不同，尽管其设计与其他农业设计也有相同的方面，也或多或少地包含其他农业设计的内容在内，但其设计的最终目的不是指向GDP，而是指向生存环境、生活质量、生命价值；尽管也服务于游客、服务于休闲者，但主要是服务于居住者、生活者；尽管生产的产品也用来交易，也用来赚钱，但并不是全部，特别是生产的农业审美产品主要是为了生存环境、生活质量、生命价值。

既然这样，田园生活设计必须做到自我性与为他性相结合。所谓自我性，指的是田园生活设计是为了居住者、生活者本身需要而进行设计的特征。所谓为他性，指的是田园生活设计也是为了旅游者、休闲者等他人需求而进行设计的特征。所谓自我性与为他性相结合，指的则是田园生活设计所进行的设计既能满足居住者、生活者本身的需要，又能满足旅游者、休闲者等他人的需要。

在田园生活设计中，做到自我性与为他性相结合，关键在于从自我性出发，进行设计。因为一切可以满足居住者、生活者本身需要的设计都可形成以自我性为核心的特色，并可以满足与居住者、生活者需要相同或相近的旅游者、休闲者等他人的需要；而可以满足旅游者、休闲者等他人需要的设计则往往难于同时也可以满足居住者、生活者的需要。众所周知，元阳哈尼族梯田已成为著名的旅游景区。元阳哈尼族梯田完全是哈尼族人为了自己、为了生产、为了生态而建设的，作为旅游并不是他们建设的初衷，而是旅游部门开发的。因此，从这一角度来说，元阳哈尼族梯田体现了田园生活的自我性，做到了自我性与为他性相结合。

第四节 田园生活设计的案例与分析

关于田园生活设计，仅以哈尼族梯田为案例来加以分析。

案例：哈尼族梯田

案例

哈尼族梯田分布于云南元江流域哈尼族聚居区，分核心区和辐射区。核心区面积 95.9 平方千米；辐射区包括元阳县的哈播村片区和绿春县、红河县、金平苗族瑶族傣族自治县的部分地区，面积约 200 平方千米（图 10-1、图 10-2、图 10-3)。

哈尼族梯田处于山区，最低海拔 144 米，最高

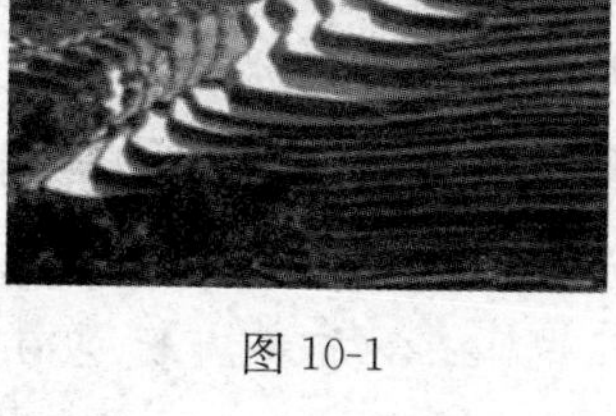

图 10-1

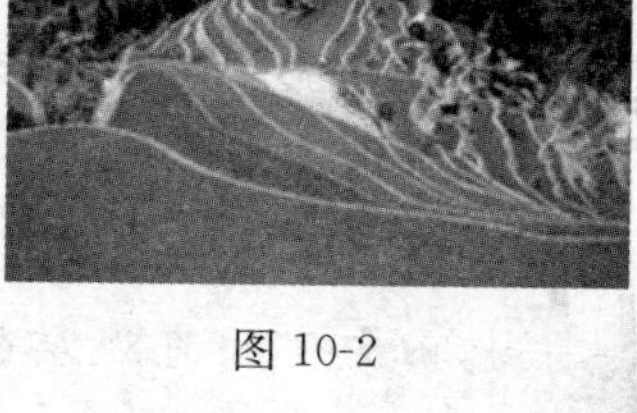

图 10-2

海拔 2939.6 米。气候立体，从河谷到山顶，分别为北热带气候、南亚热带气候、中亚热带气候、北亚热带气候、暖温带气候和中温带气候。全区年均气温 15～20℃，最高气温 42℃，河坝区与高山区年均温差 13.4℃。全年日照时数 1700～1800 小时。年均降水量 1500～2000 毫米，最高 3442 毫米。地形呈“V”型发育，由上到下垂直分布着燥红壤、砖红壤、赤红壤、黄壤、黄棕壤、棕壤、紫色壤、水稻土和冲积土。境内以红河、藤条江两大干流为主的水系共有支流 29 条，总长 700 余千米，水资源总量 26.9 亿立方米，可利用 1.47 亿立方米。

图 10-3

哈尼族是中国历史上最早垦殖梯田的山地民族之一。据中国历史上第一部史书《尚书·禹贡》记载，早在 3000 多年前的春秋战国时期，哈尼族先民“和贡”在其所居之“黑水”（今四川省大渡河、雅砻江、安宁河流域），开垦梯田，进行稻作。于唐朝初期（1200 年前），哈尼族在红河南岸哀牢山区定居下来，开垦梯田，生息繁衍。经过一代又一代的努力，垦成今天的哈尼族梯田，形成富有特色的梯田文化，即以江河、梯田、村寨、森林四度同构的人与自然完美结合的梯田文化。

梯田文化的直观层面：梯田分布在海拔 2000

米以下、坡度15～75度的低坡地带，最高级数达3000级，种植着水稻、蔬菜等作物；村寨分布在海拔1400～1700米的缓坡地带，修建着一座座“封火房”、“蘑菇房”（图10-4）和“土掌房”；海拔2000米以上为高山森林带；水系贯穿于田园之中。

图10-4

梯田文化的资源层面：一是江河、梯田、村寨、森林四度同构；二是江河、梯田、村寨、森林利用着相应的资源；三是梯田种植着适宜的水稻和蔬菜等作物。

梯田文化的知识层面：创造了一套科学的梯田耕作生产流程、生态环境保护和利用规范、水资源开发建设和管理法则、人力资源合理分配等生产技术和管理方法，特别是严格的水源保护林乡规民约、独特的“木刻分水”制灌溉用水管理和生态的水稻耕作方法既独特又科学。

梯田文化的文化层面：梯田文化融入哈尼族的饮食、服饰、居住、语言、文学和歌舞等生活和活动之中，使饮食独具口感，服饰靓丽多彩，居住民族特色，歌舞民俗风格。哈尼族木鼓舞、棕扇舞、碗舞和木雀舞等则使梯田文化得以艺术的升华。

梯田文化的哲学层面：自然资源是人类存在和发展的载体和空间，采用“天人合一”的理念和方法来利用自然资源是一种理想，也是一种实在，更是一种科学，可形成历史价值、经济价值、文化价值、社会价值、生态价值、品牌价值、艺术价值、科学价值和衍生价值等多元价值。

[本案例（含图片）根据百度文库《哈尼梯田》（http：//wenku. baidu. com/view/f2931edd7f1922791688e888. html，2012-08-31）、百度百科《元阳梯田》（http：//baike. baidu. com/view/24928. htm，2012－07－23）和百度图片《哈尼族梯田》（http：//image. baidu. com/i? tn＝baiduimage&ct＝201326592&lm＝－1&cl＝2&fr＝ala0&word＝%B9%FE%C4%E1%D7%E5%CC%DD%CC%EF，2012-09-03）综合整理]

分析

哈尼族梯田既是本章、也是本书引用最多的例子。这表明两层含义：一是哈尼族梯田与农业设计比较吻合，是农业设计所追求的理想模式和榜样；二是农业设计中的各种设计尽管有所侧重，但其共同的核心东西是基本相同的，也就是哈尼族梯田所存在和表现的东西。

田园生活设计既是田园设计，也是农业设计的最高形式、最终追求。从这一点来说，哈尼族梯田的确堪称田园设计、农业设计的理想模式和榜样。的确，哈尼族梯田处处透现着这些元素：江河、梯田、村寨、森林四度同构，人与自然完美结合，从直观上、资源上、知识上、文化上、哲学上呈现着梯田文化；是田园，也是生活的空间——理想的空间。

值得强调的是，哈尼族梯田并不是哈尼族人运用农业美学理论，采用农业设计或田园设计或田园生活设计的方法设计出来的，而是哈尼族人在潜意识的驱动下、特别是在爱美天性的支配下，在长期的农业生产和生活实践中逐渐形成的。尽管这样，却值得农业设计或田园设计或田园生活设计借鉴。

当然，哈尼族梯田并不是完全意义的田园生活之田园，特别是还缺少相应的商业设施、文化设施、交通设施、通信设施和其他生活、社会设施。当这些设施的逐一建设、这些田园生活元素的逐一融入，哈尼族梯田就会成为完全意义的田园生活之田园，哈尼族人也就成为过上真正意义的田园生活的人群。

附　录

美学农业园区建设模式研究

任何理论的研究、创立和发展都源于实践，最终又都要回到实践中去。农业美学也不例外。无疑，建设美学农业园区是农业美学回到实践中去的一条理想途径。

一、建设美学农业园区的意义

1. 建设美学农业园区是农业美学研究的实践需要

2003 年 8 月 5—8 日，第五届国际环境美学会议在芬兰召开，会议以农业美学为主题，围绕生产性、乡村生活方式问题和未来的展望三方面，探讨了耕作型农业环境的美学问题。来自芬兰、美国、加拿大、挪威、波兰、瑞典、瑞士、冰岛、爱尔兰和我国的专家、学者、官员参加了这次会议。北京农学院冯莊在《北京农学院学报》1998 年第 2 期发表了第一篇农业美学论文《农业美学的跋》。

《湖南社会科学》2004年第3期发表了第一个农业美学论文专辑，包括武汉大学陈望衡的《一种崭新的农业理念——农业美学》及其博士生张敏的《农业景观中的生产性与审美性的统一》和赵红梅的《建设崭新的乡村生活方式》。2007年4月，陈望衡发表了第一个农业美学研究专章《农业环境美》（《环境美学》第五章，武汉大学出版社）。笔者以1998年底开始的建设雷州半岛南亚热带农业示范区为实践基础，于1999年12月开始研究农业美学问题。2000年10月，在《热带农业科学》2000年第5期发表《建设雷州半岛南亚热带农业示范区中的美学问题探讨》。尔后，先后发表农业美学相关论文20篇。同时，2001年12月拟出农业美学专著《农业美学初探》提纲，2002年8月脱稿，2004年5月内部刊印，2007年6月，作为社会主义新农村建设实务丛书之首部，由中国轻工业出版社正式出版，向全国发行。2007年9月，被全国农家书屋工程协调小组办公室列为中国农家书屋推荐书目。此外，提出农业美学学科体系，即由农业美学、农业新论、美学农业规划学、农业设计、农业工具设计、农业技能美学、美学农业技术学、美学农业经济学、农业音乐学、民俗文化学、村庄设计、乡村生活方式、农业审美学、农业旅游学和农业美学史构成，并已完成了其基本框架的构建。这些，不敢说农业美学已经创立，也不敢说农业美学已经成熟，但可以说农业美学的研究已取得了阶段性成果，已达到了一定的程度。因此，很有必要再回到实践中去，一方面发挥农业美学研究成果的作用，另一方面检验农业美学理论的科学性。美学农业园区就是以农业美学理论为指导而建设起来的园区，具有集中性、示范性和实践性等特点。所谓集中性，就是农业美学理论可以集中地体现于美学农业园区之中。所谓示范性，就是农业美学理论可以通过美学农业园区的示范而推广到农业、农村之中。所谓实践性，就是农业美学理论可以通过美学农业园区的建设而得以检验。一句话，建设美学农业园区是农业美学研究的实践需要。

2. 建设美学农业园区是现代农业发展的必然选择

现在，进入了现代农业发展时期。与传统农业相比，现代农业的最大特点就是以科技进步与创新为动力，通过农业生产方式的进步化、生产装备的高新化、生产技术的科学化，提高农业资源的综合生产能力，实现农业从数量型粗放型增长向质量效益型集约型增长转变，促进农村繁荣、农业增效、农民增收和农业可持续发展。显然，推广喷灌、滴灌、微灌等节水技术，可既实现灌溉，又实现节水，从而促进现代农业的发展；推广高产优质新品种，可既提高产量，又提高品质，从而促进现代农业的发展；推广农业综合开发，可实现山、水、田、林、路的综合治理，从而促进现代农业的发展，如此等等。也显然，建设美学农业园区，可实现田园景观化、村庄民俗化、自然生态化，可既生产农业物质产品，也生产农业审美产品，可实现农业生产性与审美性的统一，实现田园、村庄、自然的和谐，实现城乡的一体化，特别是田园景观化，不但实现产品外观美观、作物植株健美、田园景观美化，而且实现产品产量较高、品质优良、营养丰富、口感适宜、卫生安全、外观美观，从而促进现代农业的发展。可见，现代农业的发展迟早地、必然地会选择农业美学，选择美学农业园区。

3. 建设美学农业园区是农村社会建设的客观要求

随着生活水平的提高，人们越来越不仅满足于对物质的追求，而是扩展到对精神的追求。在农村，这一追求主要表现在：人们不仅热衷于种植农作物，收获农产品，而还热衷于吃好穿好用好住好，热衷于生活环境的改善，文化生活的充实，政治气氛的和谐，即“生产发展，生活宽裕，乡风文明，村容整洁，管理民主”。建设美学农业园区，不但强调农产品的生产，强调高产优质农产品的生产，强调产量较高、品质优良、营养丰富、口感适宜、卫生安全、外观美观的农产品的生产，而且强调作物植株的健美、田园景观的美化、田园风光的营造，强调村庄布局的客观化、村道的硬底化、住宅的民俗化、庭院的园林化、绿化的地方化、环境的卫生化、古树的名贵化、文化的保护化，强调自然的生态化，强调田园、村庄、自然的和谐统一、协调发展，强调农村城市化、城乡一体化。显然，通过建设美学农业园区，就能使“生产发展，生活宽裕，乡风文明，村容整洁，管理民主”有了一个比较理想的实践载体，就能促进农村社会建设的发展。或者可以说，建设美学农业园区是农村社会建设的一种比较理想的模式。

4. 建设美学农业园区是人们生活丰富的理想追求

建设美学农业园区，实现田园景观化、村庄民俗化、自然生态化，既生产农业物质产品，也生产农业审美产品，既提供物质享受，也提供精神享受。这无疑是人们生活丰富的理想追求。对园区中的村民来说，通过园区建设，既可获得物质需求的满足，也可获得精神需求的满足，对园区外的人们来说、特别是对城里人来说，则是休闲、度假、旅游、观光的一个好去处。

二、美学农业园区的内涵与特征

那么，什么是美学农业园区？笔者认为，美学农业园区是一种以农村中一定区域范围内的田园、村庄和自然为载体，以田园景观化、村庄民俗化和自然生态化为目标，以农业为根本，以文化为内涵，以审美为表象，以科技为支撑，既生产农业物质产品，又生产农业审美产品，促进物质文明和精神文明共同发展的园区。具体地，具有如下几个特征。

1. 区域性

所谓区域性，指的是美学农业园区以农村中一定区域范围内的田园、村庄和自然为载体。在这里，有两点是值得注意的：一是载体是“农村中一定区域范围内”的空间，即这一载体在农村，其一定的区域范围往往指某一地区的行政区域的所有土地，包括处于这一区域内的水域，以及其他附近地区在这一行政区域内的“插花地”，如某一自然村的行政区域，某一村委会的行政区域，某一乡（镇）的行政区域。二是载体包括组成农村的所有土地，即包括组成农村的三大块——田园、村庄和自然，其实田园是耕作化的土地，村庄是居住化的土地，自然是初始化的土地。这是美学农业园区与其他农业园区在载体上的最大不同之处。其他农业园区的载体往往仅指田园。

2. “三化”性

所谓“三化”性，指的是美学农业园区以田园景观化、村庄民俗化和自然生态化为目标。田园景观化，指的是田园不但生产粮食、糖料、蔬菜和水果等农业物质产品，而且通过美观的产品、健美的植株和美化的田园，生产农业审美产品，形成足以引起人们审美情趣、愉悦人们审美心理、满足人们审美需求的景观。村庄民俗化，指的是村容村貌的整治必须富有地方特色、民俗特色，寓现代理念于民俗文化之中，既实现村容村貌的整洁，又使民俗文化得以传承，还使村庄各具特色，千姿百态。自然生态化，指的是农村地区中村庄和田园四周的自然资源得到妥善的保护，自然生态环境达到良性循环，并与村庄和田园构成和谐的统一体。

3. 农业性

所谓农业性，指的是美学农业园区以农业为根本。无疑，美学农业园区涉及农村中的田园、村庄和自然三大块。追求田园景观化、村庄民俗化和自然生态化，但其根本是农业，而不是其他。即在农村中田园、村庄和自然三大块中以田园为主、为核心，在田园景观化、村庄民俗化和自然生态化中以田园景观化为主、为核心。在田园景观化中以产品外观美观为主、为核心。特别是体现在粮食、糖料、油料、蔬菜、水果、木材、猪、牛、羊、鸡、鹅、鸭、鱼、虾、蟹等农产品产量较高、品质优良、营养丰富、口感适宜、卫生安全、外观美观。

4. 文化性

所谓文化性，指的是美学农业园区以文化为内涵。文化是地理、自然、经济和生活等因素长期作用的结果。因此，不同地区总有其相应而又有别于其他地区的文化。就建筑文化来说，苗族地区形成的是吊脚楼建筑文化，内蒙古形成的则是蒙古包建筑文化。基于此，赋予美学农业园区以相应的文化内涵，就会使各地所建设的美学农业园区富有地方特色，从而形成千姿百态的美学农业园区。无疑，在建设中，应将文化贯穿于整个美学农业园区之中，即包括田园、村庄和自然三大载体。尽管文化各异，但一般来说，可归纳为如下几类：一是产业文化；二是特产文化；三是生态文化；四是建筑文化；五是历史文化；六是名人文化；七是民俗文化。

5. 审美性

所谓审美性，指的是美学农业园区以审美为表象，即美学农业园区在外观上能给人以美感。当然，美学农业园区的审美性既应表现在整体上，也应表现在个体上。在整体上，主要应表现在各构成要素的构成合理，协调统一。在个体上，应包括田园、村庄和自然三大块，包括田园中的作物、田块、渠道、道路、林带和生产设施，包括村庄中的房屋、庭院、道路、树木和其他设施，包括自然中的山坡、水域和植被，主要则应表现在各构成要素的各部分组合合理，符合美学规律。

6. 科技性

所谓科技性，指的是美学农业园区以科技为支撑。无疑，作物的高产优质要靠科技，靠优良的品种和先进实用的技术。作物的产品美观、植株健美仍然要靠科技，靠能够生产美观产品、健美植株的作物品种和能够栽培美观产品、健美植株的先进实用技术。其实这很容易理解，多彩玉米、方形西瓜就是很好的例证。一句话，美学农业园区的生产与审美的统一应是科技进步的结果。

7. 双重性

所谓双重性，指的是美学农业园区既生产农业物质产品，又生产农业审美产品。这是美学农业园区与一般农业园区的最大区别之处。在美学农业园区，在种植着方形西瓜的美学农业园区，西瓜也与一般西瓜园里的西瓜一样，伸藤、长叶、开花、结果，即也在生产着西瓜藤、西瓜叶、西瓜花和西瓜这些农业物质产品，但却又往往与一般西瓜不同，即还在生产着农业审美产品，所生产的西瓜是方形的，是可以引发人们审美情趣的形状的，同时，西瓜长势好，分布有序，有的甚至组成或“花”或“果”，或具有一定内涵的文字，或一定的几何图案，形成同样可以引发人们审美情趣的田园风光。

8. 发展性

所谓发展性，指的是建设美学农业园区最终在于促进物质文明和精神文明共同发展。即建设美学农业园区并不是为建设而建设，图形式而形式，而是通过这一建设，这一形式，来促进物质文明和精神文明的共同发展。一是通过生产美观的产品来获得较高的价值；二是通过生产美观的产品、健美的植株、美化的田园以及民俗化的村庄、生态化的自然，为村民提供优美的生活环境、丰富的审美对象；三是通过生产美观的产品、健美的植株、美化的田园以及民俗化的村庄、生态化的自然，为游客提供休闲、观光、体验、旅游、度假、养生等服务，从而增加村民的收入；四是通过美学氛围的营造、美学观念的树立、美学行为的灌输，提高村民的素质，规范村民的行为，净化村民的心灵，彰显村民的活力。

三、美学农业园区模式

1. 场地的选择

应该在什么地方建设美学农业园区？这就是场地的选择问题。无疑，人们只有满足了温饱需求、物质需求之后，才会追求审美需求、精神需求，因此，美学农业园区的场地应选择在经济比较发达的地区。一般应选择在人均收入8000美元以上的地区，如珠江三角洲地区、长江三角洲地区。一是这些地区的人们生活水平较高，日益追求审美享受、精神享受，具有建设美学农业园区的主动性或潜在要求。二是这些地区的经济条件较好，具有建设美学农业园区的经济能力。三是这些地区大多都是城市的近郊，市民来美学农业园区休闲、观光、体验、旅游、度假、养生比较方便。

2. 主题的确定

这里的主题指的是文化主题，即以什么样或类型的文化来作为美学农业园区的建设主题。上面提到，文化可分为七大类型，即可以这七类文化作为主题。

关于产业文化，指的是某一产业在形成、发展的过程中淀积、形成的文化。一般所选择的产业应在全国居于第一或第二的地位，即其面积、产量，特别是产量居于全国第一、第二。例如，广东遂溪为中国第一甜（甘蔗）县，徐闻为中国第一菠萝县，因此，若在遂溪建美学农业园区，就应该选择甘蔗；若在徐闻，则应选择菠萝。

关于特产文化，指的是某一特产在长期的生产过程中积淀、形成的文化。所选择的特产抑或历史比较长，抑或面积比较大，抑或产量比较高。在广东徐闻，菠萝、香蕉、甘蔗、蔬菜是大宗作物，但特产却是良姜，尤以龙塘镇良姜村的良姜著名。因此，若在该地区建设以特产为主题的美学农业园区，就应该选择良姜，并选择建在龙塘镇良姜村。

关于生态文化，指的是植被状态好、古树名木多、生态意识强的地区所形成的文化。呀诺达雨林文化旅游区位于三亚市郊35千米处，面积45平方千米，周边是123平方千米的生态恢复保护区，拥有百年古藤、千年古蕨、巨型仙草灵芝、“冷血杀手”见血封喉以及热带雨林，是中国唯一地处北纬18度的热带雨林，是海南岛五大热带雨林精品的浓缩，堪称中国钻石级雨林景区。计划投资39亿元，已投资2亿元。第一期工程已开放。

关于建筑文化，指的是在建筑方面长期淀积、形成的文化。北京的四合院、苗族地区的吊脚楼、蒙古地区的蒙古包等就是在当地地理条件、气候状况、生活习惯和经济水平等因素长期作用下形成的相应的建筑风格、建筑文化。它们无不具有地区的适应性、居住的实用性、文化的多元性和审美的价值性。因此，若考虑将建筑文化作为主题，在北京建美学农业园区，可选择四合院建筑文化；在苗族地区建，可选择吊脚楼建筑文化；在蒙古地区建，可选择蒙古包建筑文化。

关于历史文化，指的是由于重大历史事件发生和著名历史人物活动而淀积、形成的文化。井冈山、延安的红色文化，卢沟桥、平型关的抗日文化，等等，都很著名，都很典型。因此，若在这些地区建设美学农业园区，可考虑选择这些文化作为主题。

关于名人文化，指的是由于名人的生活和活动而淀积、形成的文化。显然，名人可是政治的、经济的，也可是文化的、科技的，还可是其他领域的。也显然，这些名人应具有全国意义，甚至世界意义，如孙中山、康有为、梁启超等，就是名副其实的名人。同样显然，这些名人总会出生于某一地区或生活、活动于某一地区，如广东省中山市翠亨村就是孙中山的故居。无疑，若在这些地区建设美学农业园区，就可选择这些名人及其所形成、积淀的文化作为主题。

关于民俗文化，指的是人们的衣、食、住、行等生活方式在一定的地理、气候、文化和经济等因素的长期作用下，而淀积、形成的文化。我国是一个多民族的国家，有 56 个民族，各民族都有其相应的民俗文化，特别是那些少数民族的民俗文化更具审美性。因此，若在民俗文化比较浓郁的地区，特别是在少数民族地区建设美学农业园区，则可考虑选择民俗文化作主题。

3. 功能的设置

这里指的是美学农业园区功能区的设置。无疑，对于美学农业园区来说，田园、村庄和自然应是其三大功能区，即美学农业园区可设置田园区、村庄区和自然区三大功能区。显然，这三大功能区的主要功能应是：田园区主要展示田园景观；村庄区主要展示民俗文化；自然区主要展示自然生态。因此，这三大功能区也可分别叫做田园景观区、民俗文化区和自然生态区。

4. 项目的考虑

这里的项目其实是功能的延伸，是功能的具体化。笔者认为，美学农业园区的田园、村庄和自然三大功能区可分别考虑设置如下项目：

（1）田园区（田园景观区）。

①田园风光区。应包括田园、田园设施（包括道路、沟渠、林带、机井、棚架、电网和水池等）、田园艺术雕像和田园风光区简介牌等项目。

②农作体验区。应包括的项目是：田园、农作体验单元标志、田园设施（包括道路、沟渠、林带、机井、棚架、电网和水池等）、农作体验艺术雕塑、农作体验区说明牌、农作体验服务馆（包括种苗室、肥料室、农药室、农具室、农资室、资料室、农作示范室、农作体验档案室等）。

（2）村庄区（民俗文化区）。

①住宅区。包括的项目应是：农家住宅、旅客馆舍、住宅其他配套建筑设施、农家庭院、庭院树木、庭院标志、庭院简介牌。

②绿化区。包括树木、花卉、草坪和古树名木等项目。

③文化休闲区。包括的项目有：文化艺术雕像、文化广场、文化楼（包括图书室、图片展室、书画展室等）、体育设施（包括篮球场、乒乓球场等）、传统文化设施（包括寺庙、庵堂、土地庙、戏台等）、民俗馆（包括传统生产工具展室、传统生活用具展室和传统生活方式展室等）。

④集圩区。包括市场及其配套设施。

⑤厂矿区。包括厂房、办公楼房、职工宿舍及其配套设施。

⑥旅游服务区。包括：农家餐馆、小卖部、停车场、照相馆、美学农业园区简介、美学农业园区游览指南。

（3）自然区（自然生态区）。

①原始生态区。应包括：原始森林区（包括原始森林和原始次生林）、原种植物保护区、原种动物保护区、典型地貌区和原始水域及其简介牌。

②人工生态区。包括：人工林区、人工水域（包括水库、人工湖等）和人文景观及其简介牌。

5. 文化的表现

文化的表现，指的是美学农业园区中各功能区及其建设的项目，如何表现所选择、确定的文化主题。对某一具体的美学农业园区来说，就是如何表现产业文化、特产文化、生态文化、建筑文化、历史文化、名人文化和民俗文化。无疑，不同的文化主题表现的形式应有所不同。

一是主题文化应该贯穿于所有功能区及其建设项目之中。即所选择、确定的文化主题，抑或是产业文化，抑或是特产文化，抑或是生态文化，抑或是建筑文化，抑或是历史文化，抑或是名人文化，抑或是民俗文化，都不是仅仅表现于某一功能区上，更不是仅仅表现于某一建设项目上，而是表现于所有功能区及其建设项目上，包括田园区、村庄区和自然区，包括田园区中的田园风光区和农作体验区，包括村庄区中的住宅区、绿化区、文化休闲区、集圩区、厂矿区和旅游服务区，包括自然区中的原始生态区和人工生态区，以及其具体的建设项目。例如，在建设以菠萝文化为主题的美学农业园区中，就应该将菠萝文化贯穿于整个园区各功能区及其建设项目之中。在田园区，种植的是菠萝，表现的是菠萝田园风光；体验的是菠萝种植，营造的是菠萝种植的情趣。在村庄区，农家住宅、旅客馆舍、住宅其他配套建筑设施等，都应该做成抽象化、艺术化的菠萝雕塑或做成有抽象化、艺术化的菠萝图案。在自然区，各种简介牌则也应该做成有抽象化、艺术化的菠萝图案，而原种植物保护区则应该是菠萝原种保护区。

二是主题文化的表现应以符号的形式来表现。即所选择、确定的文化主题，抑或是产业文化，抑或是特产文化，抑或是生态文化等，在表现的时候，用的是文化符号。所谓文化符号，就是上述文化的物化形式或文化形式，包括实物、图像和文字等。在建设以菠萝文化为主题的美学农业园区中，所雕刻的菠萝雕像，就不应以追求其逼真程度为目标，而应反映菠萝文化这一主题，最好应具备文化、经济和菠萝三层含义；所做成的其他菠萝图案，也不应追求菠萝的逼真程度，而应抽象化、艺术化。

三是符号的运用必须既有利于功能的发挥，又有利于美的彰显。通过实物、图像和文字等文化符号，就能解读出事物的文化内涵。如上面所提到的菠萝雕像，通过它，就能解读出其所包含的文化、经济和菠萝含义。然而，在文化符号的运用中，必须做到其在具备相应的文化含义的同时，具有功能性和审美性。例如，在以菠萝文化为主题的美学农业园区中，田园风光区种植高产优质的菠萝；同时，所种植的菠萝又能与田园、田园设施、田园艺术雕像和田园风光区简介牌等项目一起合理组合，构成可以引发人们审美情趣、愉悦人们审美心理、满足人们审美需求的菠萝田园风光。

四、美学农业园区的设计

1. 功能性与审美性的统一

即所设计的美学农业园区及其各功能区、各建设项目都必须既具有功能性，又具有审美性。具体地，田园是可以种植农作物、生产农产品的，道路是可以行走、驾车的，房屋是可以遮风避雨、居住的，树木是可以遮荫、绿化的。灯具是可以发光、照明的，等等。同时，以上这些其个体造型及其整体组合又是符合美学规律的，又是可给人以审美享受的。

2. 文化性与符号性的统一

即所设计的美学农业园区及其各功能区、各建设项目，都应具有一定的文化含义，特别是应具有主题文化之含义，并通过文化符号的形式表现出来。例如，在以菠萝文化为主题的美学农业园区，所设计的灯具采用抽象化、艺术化的菠萝图案。

3. 实物性与抽象性的统一

即所设计的美学农业园区及其各功能区、各建设项目，首先必须是实在之物，然后又必须具有抽象性，实在以显个性，抽象以显统一。例如，上面提到的灯具，是一个可用来发光、照明的灯具，与其他灯具一样，是发光、照明的实在之物；同时，这一实在之物又与美学农业园区中的其他实在之物（如田园、房屋、道路、树木等）不同。然而，它又具有抽象性，即采用了抽象化、艺术化的菠萝图案，采用了菠萝文化符号，从而实现了统一，统一于抽象的相同的菠萝文化之中。

4. 个体性与整体性的统一

即所设计的美学农业园区中的各功能区及其各建设项目都必须富有个性，能够独立存在、成物，在使用上具有固有的功能，在造型上具有其独特的外观。例如，上面提到的灯具，它是发光、照明的物体，是独立的物体，具有发光、照明的功能；同时，它又具有独特的造型，往往由灯泡、灯座和灯杆等组成，且灯座、灯泡、灯杆做成抽象化、艺术化的菠萝图案。然而，灯具又是美学农业园区的一个建设项目、一个组成部分，因此，灯具还必须与美学农业园区及其各功能区、各建设项目协调一致，形成一个统一的整体。

五、美学农业园区的建设

1. 观念的树立

观念是行动的指南。因此，建设美学农业园区，首先必须树立相应的观念。即必须认识：一是农业美学的内涵；二是农业美学是农业的一种客观的、必然的发展方向；三是农业美学将会引发一场全新的农业革命；四是建设美学农业园区是农业美学研究的实践需要；五是建设美学农业园区是现代农业发展的必然选择；六是建设美学农业园区是农村社会建设的客观要求；七是建设美学农业园区是人们生活丰富的理想追求。

2. 机构的成立

机构是美学农业园区建设的组织保障。因此，必须成立相应的机构。机构应由当地的主要领导挂帅，分管领导具体抓。机构应由综合、农业、林业、畜牧、水产、园艺、建设、交通、国土、文化、旅游、财政、金融、设计、高校、科研等部门的有关领导和专家组成，因为美学农业园区建设是一个涉及上述各部门的一个系统工程。

3. 规划的编制

美学农业园区建设是一个系统工程，要使其理性地、有序地、顺利地、健康地进行，必须编制一个相应的规划。规划要做到方向明确、目标定位、指标具体、内容丰富、重点突出、步骤稳妥、措施中肯。规划还要做到既具有科学性，又具有可行性，还具有可操作性。

4. 资金的落实

大凡建设都需要资金，建设美学农业园区这样一个大工程更要资金。因此，必须落实建设资金。在来源渠道上，可采用“上级要一点，地方出一点，银行助一点，社会捐一点，群众筹一点”的方法，既拓宽资金来源渠道，又调动各方的积极性。在资金使用上，政府资金主要用在导向上、公益型项目、基础性设施上，社会和群众资金主要用在营利型项目和开发性建设上。在资金管理上，应坚持统筹使用，谁投资、谁管理、谁受益的原则。在资金运用上，应坚持项目成熟一个，投资一个，建成一个，使用一个，边建设，边见效，边筹资，滚动发展。

5. 工程的实施

美学农业园区由若干个功能区及其建设项目组成，即随着一个个功能区及其建设项目的建成，美学农业园区也就建成了。项目的建设，应先主后次，先急后缓；应主、配结合，完善配套；应讲究质量，稳步推进；应建以致用，用以见效。

6. 价值的利用

建设美学农业园区，有四个层次的价值形式，由低到高依次：一是增加农产品价值。通过生产产量较高、品质优良、营养丰富、口感适宜、卫生安全、外观美观的农产品，占领市场，提高价格，增加收入。二是改善村民的生活和生产环境。通过田园景观化、村庄民俗化和自然生态化的实现，美化田园，美化村庄，美化自然。景观化的田园可给村民生产以审美享受，民俗化的村庄可给村民生活以审美享受，生态化的自然可给村民休闲以审美享受。三是营造休闲场所。通过田园景观化、村庄民俗化和自然生态化的实现、特别是较高层次的实现，美学农业园区就会成为既可从事农业生产、生产农产品的田园，又可供当地村民及附近市民休闲的场所——欣赏田园、体验农事、放松情绪、愉悦心情。四是进行旅游开发。通过田园景观化、村庄民俗化和自然生态化的实现、特别是达到旅游层次的实现，美学农业园区就成为既生产农业物质产品，又生产农业审美产品的园区，还进行旅游活动的景区。这时，美学农业园区既有农业收入，也有旅游收入。

参考文献

CANKAO WENXIAN

[1] 罗凯．农业美学初探［M］．北京：中国轻工业出版社，2007.

[2] 罗凯．甘蔗糖业管理学［M］．海口：南海出版公司，2001.

[3] 中国社会科学院语言研究所词典编辑室．现代汉语词典（2002年增补本）［M］．北京：商务印书馆，2004.

[4]《农业辞典》编辑委员会．农业辞典［M］．南京：江苏科学技术出版社，1980.

[5] 黄东光．荔枝丰产栽培技术［M］．广州；广东高等教育出版社，1997.

[6] 宗树森．土地工作手册［M］．北京：农村读物出版社，1987.

[7] 广东省湛江市土壤普查办公室．湛江土壤［M］．1986.

[8] 全国农业区划委员会．中国农业自然资源和农业区划［M］．北京：农业出版社，1991.

[9] 徐闻县志编纂委员会．徐闻县志［M］．广州：广东人民出版社，2000.

[10] 黎正英．徐闻县农业志［M］．1991.

[11] 李江帆．第三产业经济学［M］．广州：广东人民出版社，1990.

[12] 黄东光．龙眼丰产栽培技术［M］．广州：广东高等教育出版社，1998.

[13] 罗凯．论热带农业自然资源的综合性［J］．热带农业工程，2000（2）：1-3.

［14］罗凯．建设雷州半岛南亚热带农业示范区中的美学问题探讨［J］．热带农业科学，2000（5）：50-53.
［15］罗凯．试谈园林艺术在田园园林化中的应用［J］．广东农学通讯，2003（1）：50-51，41.
［16］罗凯．论农业美学的主要目标［J］．广东农学通讯，2009（2）：19-21.
［17］罗凯．论农业劳动工具革命［J］．现代农业装备，2009（8）：36-38.
［18］罗凯．论农业劳动技能革命［J］．农产品加工·创新版，2011（1）：75-77，80.
［19］罗凯．农业劳动对象的自然性［J］．海南农垦科技，2011（1）：1-7.
［20］罗凯．关于构建农业美学学科体系的思考［A］．陈水雄．2010年两岸休闲农业（海南）论坛论文选［C］．北京：台海出版社，2010：143-146.
［21］罗凯．关于构建农业设计学科的思考［J］．福建热作科技，2010，35（4）：67-72.
［22］罗凯．农业设计的存在与发展［J］．辽宁农业职业技术学院学报，2012（3）：15-17.
［23］罗凯．农业设计的内涵与特征［A］//农业部农村社会事业发展中心，湖南省长沙市望城区人民政府．2012中国（望城）休闲农业与乡村旅游系列活动论文集［C］．北京：中国言实出版社，2012：257-264.
［24］罗凯．基于农业设计目的的农业自然资源调查与分析［A］//中国农村专业技术协会等．第十四届中国科协年会第7分会场海峡两岸现代设施农业与园艺产业发展研讨会论文集［C］．2012：56-62，51.
［25］罗凯．基于农业设计目的的社会经济资源调查与分析［A］//广东省农学会等．建设广东现代农业强省学术年会论文集［C］．2014：109-111.
［26］罗凯．基于农业设计目的的农业审美产品市场研究［J］．南方农村，2012（3）：22-25.
［27］罗凯．农产品设计问题研究［J］．农产品加工（创新版），2010（12）：68-70.
［28］罗凯．作物植株设计问题的研究［J］．农产品加工（创新版），2011（2）：73-77.
［29］罗凯．审美视角下的作物植株美［J］．中国乡镇企业（休闲农业特刊），2013（3）：46-48.

[30] 罗凯．田园科普设计问题研究［J］．中国农学通报，2011（增刊）：257-261.
[31] 罗凯．田园体验设计问题研究［J］．农业科学，2012，2（合订版）：73-76.
[32] 罗凯．田园体验情趣的特征［J］．现代种业，2014（2）：16-18.
[33] 罗凯．田园养生设计问题研究［J］．北京农业职业学院学报，2012，26（2）：18-22.
[34] 罗凯．田园养生情趣的形式［J］．海南农垦科技，2014（5）：35-38.
[35] 罗凯．田园生活设计问题研究［J］．福建亚热带作物研究，2012（2）：42-49.
[36] 罗凯．美学农业园区建设模式研究［J］．农产品加工（创新版），2010（11）：71-76.
[37] 冯茳．农业美学的跋［J］．北京农学院学报，1998（2）：105-108.
[38] 陈望衡．一种崭新的农业理念——农业美学［J］．湖南社会科学，2004（3）：7-9.
[39] 张敏．农业景观中的生产性与审美性的统一［J］．湖南社会科学，2004（3）：10-12.
[40] 陈李波．我们要建设什么样的农业景观？——城乡景观边界模糊及其应对［J］．湖南社会科学，2004（3）：13-16.
[41] 赵红梅．建设崭新的乡村生活方式［J］．湖南社会科学，2004（3）：17-20.
[42] 张德纯，张天柱．传承农耕文化　促进乡村旅游——“农产品地理标志”与乡村旅游［A］//农业部农村社会事业发展中心．传承农耕文化　促进乡村旅游论文集［C］．北京：中国农业出版社，2010：252-256.
[43] 龚秀萍，孙海清．继承农耕文化　发展乡村旅游［A］//农业部农村社会事业发展中心．传承农耕文化　促进乡村旅游论文集［C］．北京：中国农业出版社，2010：83-89.
[44] 林峰．用创意打造休闲农业［A］．农业部农产品加工局，等．中国创意农业（北京）发展论坛论文集［C］.2009：8-16.
[45] 吴文良，张征，卢勇，徐峰．江西省丰城市“中国生态硒谷”创意产业发展战略［A］//农业部农产品加工局等．中国创意农业（北京）发展论坛论文集［C］.2009：222-229.
[46] 徐闻县区划办、气象局．徐闻县农业气候资源和农业区划报告［A］//徐闻县农业区划委员会办公室．广东省徐闻县农业区划报

告集［C］.1985.
［47］何忠伟，曹暕.北京休闲农业发展现状、问题及政策建议［A］//农业部农村社会事业发展中心等.2012中国（望城）休闲农业与乡村旅游系列活动论文集［C］.北京：中国言实出版社，2012：63-69.
［48］章继刚.2009—2010年中国创意农业投资价值研究报告［J］.成都农业科技职业学院学报，2009（增刊）：14-96.
［49］汪宝国.北京市大兴区创意农业的发展与实践［A］//农业部农产品加工局等.中国创意农业（北京）发展论坛论文集［C］.2009：288-292.
［50］曹华，赵景文.拓展蔬菜设施功能　开发建设创意观光农业［A］//农业部农产品加工局等.中国创意农业（北京）发展论坛论文集.2009：246-249.
［51］曹华，韩亚钦，徐进，赵景文.蔬菜文化迷宫的设计与种植技术［A］//农业部农产品加工局等.中国创意农业（北京）发展论坛论文集.2009：255-259.
［52］玄松南.稻文化——亚洲人心灵的归宿［A］//农业部农村社会事业发展中心.传承农耕文化　促进乡村旅游论文集［C］.北京：中国农业出版社，2010：70-82.
［53］南京市农业委员会.福朝生态园［R］.南京休闲农业游，2012：32.
［54］南京市农业委员会.傅家边生态农业园［R］.南京休闲农业游，2012：36.
［55］［意］弗朗西斯科·彼德蒂著，高圆圆译.卡特迈国家公园及保护区［A］//北美洲［C］.中国国家地理.北京：北京全景地理书业有限公司，2006：7-8.
［56］“台湾民主自治同盟中央委员会”，海南省人民政府.伊甸园休闲农庄［R］.2010海峡两岸观光休闲农业（海南）论坛与会者手册，2010：9.
［57］百度百科.圣女果［EB/OL］.http：//baike.baidu.com/view/8564.htm，2012-08-12.
［58］百度百科.串番茄［EB/OL］.http：//baike.baidu.com/view/7674121.htm，2012-03-22.
［59］百度百科.方形西瓜［EB/OL］.http：//baike.baidu.com/view/568921.htm，2012-08-09.

[60] 河北省深州市辰时村国占农资部．苹果长字字贴［EB/OL］. http：//www. pgzpgz. com，2012-08-28.
[61] 厦门禹铭竹柳苗木专业合作社．苹果盆景制作与养护［EB/OL］. http：//www. 312green. com/information/detail. php? topic _ id = 108924，2012-9-11.
[62] 百度图片．苹果盆景［EB/OL］. http：//image. baidu. com/i? tn= baiduimage&ct= 201326592&lm = －1&cl = 2&fr = ala1&word = %C6%BB%B9%FB%C5%E8%BE%B0，2012-08-28.
[63] 范继文，文静．蔬菜迷宫［EB/OL］. http：//www. foods1. com/content/1148540/，2011-06-16.
[64] 马楠．"蔬菜迷宫"丰台南宫首纳客［EB/OL］. http：//www. agri. gov. cn/index2. htm，2011-06-16.
[65] 北京乡村旅游网．北京昌平苹果主题公园［EB/OL］. http：//ly. bjnw. gov. cn/xxny/gggy/200909/t20090929 _ 189971. html，2012-09-03.
[66] 中国休闲农业网．长沙望城区百果园［EB/OL］. http：//www. crr. gov. cn：8090/Front/LMJPolicy/LMJPublicPropagandaShow. aspx? senicID=48，2012-09-07.
[67] 云南省丽江玉水寨生态文化旅游有限公司．丽江玉水寨景区简介［EB/OL］. http：//www. yushuizhai. com/about/? 8. html，2012-09-05.
[68] 北京乡村旅游网．御香观光采摘园［EB/OL］. http：//ly. bjnw. gov. cn/xxny/gggy/200909/t20090929 _ 189958. html，2013-09-20.
[69] 百度百科．蓝调熏衣草庄园［EB/OL］. http：//baike. baidu. com/view/4811215，2012-07-25.
[70] 百度百科．熏衣草［EB/OL］. http：//baike. baidu. com/view/4945. htm.，2012-09-18.
[71] 百度文库．哈尼梯田［EB/OL］. http：//wenku. baidu. com/view/f2931edd7f1922791688e888. html，2012-08-31.
[72] 百度百科．元阳梯田［EB/OL］. http：//baike. baidu. com/view/24928. htm，2012-07-23.
[73] 百度图片．哈尼族梯田［EB/OL］. http：//image. baidu. com/i? tn= baiduimage&ct= 201326592&lm = －1&cl = 2&fr = ala0&word = %B9%FE%C4%E1%D7%E5%CC%DD%CC%EF，2012-09-03.